SGE 上海黄金交易所博士后工作站文库

银行授信、财务弹性
与企业资源配置问题研究

刘 婷 著

中国金融出版社

责任编辑：黄海清
责任校对：潘　洁
责任印制：张也男

图书在版编目（CIP）数据

银行授信、财务弹性与企业资源配置问题研究/刘婷著．—北京：中国
金融出版社，2020.12

（上海黄金交易所博士后工作站文库）

ISBN 978 - 7 - 5220 - 0944 - 5

Ⅰ．①银…　Ⅱ．①刘…　Ⅲ．①商业银行—信贷管理—研究—中国②企业
管理—财务管理—资源配置—研究—中国　Ⅳ．①F832.4②F279.23

中国版本图书馆 CIP 数据核字（2020）第 252855 号

银行授信、财务弹性与企业资源配置问题研究
YINHANG SHOUXIN、CAIWU TANXING YU QIYE ZIYUAN PEIZHI WENTI YANJIU

出版
发行　　**中国金融出版社**

社址　　北京市丰台区益泽路 2 号
市场开发部　　（010）66024766，63805472，63439533（传真）
网 上 书 店　　http://www.chinafph.com
　　　　　　　（010）66024766，63372837（传真）
读者服务部　　（010）66070833，62568380
邮编　　100071
经销　　新华书店
印刷　　北京市松源印刷有限公司
尺寸　　169 毫米 ×239 毫米
印张　　10.25
字数　　140 千
版次　　2021 年 1 月第 1 版
印次　　2021 年 1 月第 1 次印刷
定价　　40.00 元
ISBN 978 - 7 - 5220 - 0944 - 5
如出现印装错误本社负责调换　　联系电话（010）63263947

总　序

　　自 1978 年改革开放至今，中国经济呈现接近两位数的较高年均增幅，创造了中国发展奇迹。不过近年来，我国经济形势转变明显。虽然 2010 年国内生产总值（GDP）依然保持 10.6% 的增速，但 2011 年以来，我国经济增长速度逐渐下滑，经济下行压力明显。党的十九大作出了"我国经济已由高速增长阶段转向高质量发展阶段"的重要论断。目前，我国经济正处在转变发展方式、优化经济结构、转换增长动力的攻关期。在国内外经济形势错综复杂的关键时刻，我国经济发展正面临百年未有之大变局。

　　金融作为现代经济的核心，是连接各经济部门的重要纽带。改革开放以来，我国金融业发展取得显著成效。特别是党的十八大以来，我国有序完善金融服务、防范金融风险、保障金融安全、深化金融改革、加强金融开放与合作，金融产品日益丰富，金融服务普惠性增强，金融监管得到加强和改进。伴随着我国金融改革开放进程的不断推进，金融业经营效率逐渐改善，社会经济发展对金融业的需求日益提升，金融业在国民经济中的地位显著增强。然而，随着我国经济转向高质量发展阶段，金融业的市场结构、经营理念、创新能力、服务水平等还不适应经济高质量发展的要求，诸多矛盾和问题仍然突出。

习近平总书记高度重视经济金融工作，多次发表重要讲话谈话，对经济金融工作指示批示。在主持十九届中共中央政治局第十三次集体学习时，习近平总书记指出"经济是肌体，金融是血脉，两者共生共荣"。"血脉"与"肌体"的类比揭示了金融服务实体经济的深刻内涵，"共生共荣"的关系界定彰显两者是互相依存的有机整体，这是对金融在国民经济中重要地位的新论述。目前，我国正处在深化金融供给侧结构性改革的重要时期。党的十九届四中全会提出了"健全具有高度适应性、竞争力、普惠性的现代金融体系"的宏伟目标，这是党中央针对金融业提出的重要治理方针。在此背景下，应当秉持服务实体经济高质量发展的宗旨，扎实推进并做好各项金融工作。

完善要素市场化配置是建设统一开放、竞争有序市场体系的内在要求，是坚持和完善社会主义基本经济制度、加快完善社会主义市场经济体制的重要内容。黄金市场是金融要素市场的重要组成部分。大力推动黄金市场发展，有利于完善我国金融市场体系，深化金融市场功能，这对于增强金融服务实体经济能力也会发挥重要作用。2002年10月，经国务院批准、由中国人民银行组建，上海黄金交易所（以下简称上金所）正式运行。上金所的成立实现了中国黄金生产、消费、流通体制的市场化，开启了中国黄金市场化的历史进程，是中国黄金市场开放的重要标志。

成立18年来，上金所顺应中国经济崛起和金融改革开放大势，坚持服务实体经济和金融市场发展的原则，抢抓机遇，克难奋进，推动中国黄金市场实现了从无到有、从小到大、从弱到强的跨越式发展。近年来，上金所先后启动国际板、推出全球首个以人民币计价的黄金基准价格"上海金"，并挂牌"上海银"集中定价合约，努力服务实体经济，积极助力人民币国际化，已逐步成为中国黄金市场的枢纽以及全球重要的黄金、白银、铂金交易中心。目前，上金所主要业务包括：一是交易服务。中国已逐步形成了以上金所集中统一的一级市场为核心，竞争有序的二级市场为主体，多元的衍生品市场为支撑的多层次、全功能黄金市场体系，涵盖竞价、定价、询价、报价、金币、租借、黄金 ETF 等市场板块。二是清算服务。上金所实行"集中、净额、分级"的结算原则，目前主板业务共有指定保证金存管银行 18 家，国际板业务共有指定保证金存管银行 9 家。三是交割储运服务。上金所实物交割便捷，在全国 36 个城市使用 67 家指定仓库，满足了国内包括金融、生产、加工、批发、进出口贸易等在内的各类黄金产业链企业的出入库需求。截至 2019 年底，上金所会员总数达 270 家，交易量已连续 13 年位居全球黄金现货场内交易所之首，对全球黄金市场格局产生深远影响。

百舸争流，千帆竞发。上金所在历史的新征程中提出了建设国际一流的综合性黄金交易所。在未来国际化过程中，上金所作为全国黄金市场的核心枢纽，将继续把握主动，统筹好市场化、国际化两个发展大局，实现黄金市场由商品交易为主向商品交易和金融交易并重转变，由现货交易为主向现货与衍生品双功能为主转变，由国内市场为主向国内市场和国际市场共同发展转变；打造上海金和百姓金"两金"品牌，营造一流的企业文化，构建各类市场主体深度参与、开放水平不断提高、要素有序流动、资源高效配置、具有活力和竞争力的市场体系，实现业务国际化和交易全球化，推动黄金市场创新、开放、共享和平衡健康发展。

为了更好地服务黄金产业及国家的经济金融发展大局，为中国金融市场的改革开放、人民币国际化深入推进和"一带一路"倡议等贡献力量，上金所与复旦大学根据全国博士后管委会《博士后管理工作规定》于 2016 年协商设立上海黄金交易所博士后科研工作站，延揽有志之士对上金所发展中面临的重大问题开展战略性、前瞻性研究，也为中国黄金市场进一步发展培养、储备高级人才。工作站依托复旦大学博士后科研流动站丰富多样的理论研究资源，立足上金所市场实践，为博士后研究人员提供全面了解中国金融市场、深刻理解中国黄金市场以及深入研究黄金市场前沿问题的机会。

为了展示和分享在站博士后的科研成果，我们推出《上海黄金交易所博士后工作站文库》丛书，编辑出版上海黄金交易所博士后的学术专著，涉及各金融要素市场如证券、期货、外汇、贵金属以及法律、计算机、信息工程等专业领域。本套丛书涵盖金融市场基础设施建设、金融机构公司治理、金融科技（FinTech）与金融市场发展、金融创新与投资者保护、人民币国际化与中国黄金市场发展、黄金定价机制问题、黄金市场风险管理、黄金市场法制体系建设等重大研究课题，旨在为黄金市场、金融市场的研究者和工作者提供交流平台，以阐发观点、启迪思想、开拓创新，为我国黄金市场、金融市场的建设提供有益的理论借鉴。

我们期待丛书的陆续出版能够引起社会各界的广泛关注，对我国黄金市场和金融市场的发展起到推动和促进作用。丛书的编写工作难免存在不足之处，还望海内外同仁同行批评指正，不胜感激之至。

2020 年 9 月

前言

　　企业是市场重要的参与主体，深化经济体制改革需要大力发挥企业的市场主体作用。对于企业来说，通过流动性管理和合理制定财务决策，提高资源配置效率，更好地实施投资行为、分红行为，提升投资效率，从而增加业绩、提高价值，是重要的发展目标。

　　财务弹性是企业内部流动性较好的代理变量，它代表了企业的流动性柔性，即在面临突发状况时能够以内部流动性或者以较低的成本迅速获得外部流动性来抓住投资机会的能力。众多研究表明，财务弹性能够影响企业的支付决策。因此，我们首先研究了财务弹性是如何影响企业分红行为的，尤其是在受到强制分红政策冲击时，企业财务弹性情况对分红行为的影响效应。

　　企业分红行为的变化又会影响企业的投资行为，对于企业来说，银行授信是一种重要的外部流动性来源。企业会因为融资方式带来的信息不对称和代理问题导致投资行为的不同。同样，企业也会因为获得银行授信导致投资行为的变化。基于此，我们研究了企业获得银行授信对企业的投资行为的影响，尤其是在受到强制分红政策冲击时，企业获得银行授信对投资行为的影响效应和机制。

企业进行投融资决策行为一个很重要的目的是提高投资效率，减少过度投资，从而提高企业的业绩和价值。因此，我们最后研究了企业的银行授信、财务弹性情况对过度投资的共同影响，为企业进行银行授信和财务弹性管理提出了政策建议。

从上述角度出发，本书从相关理论研究和文献入手，分析了我国企业获得银行授信、财务弹性以及资源配置（投资、分红行为）的现状，并以1998—2015年我国沪深A股上市公司为研究对象，采用多种面板数据回归方法实证检验了上市公司获得银行授信、财务弹性对资源配置的影响效应，在此基础上，提出了我国上市公司进行银行授信、财务弹性管理的合理政策建议。同时，本书的研究也丰富了关于银行授信后果、企业内外部流动性管理与投资效率、企业如何进行流动性管理以应对政策冲击的理论研究，为国内学者的相关研究提供了一些参考和建议。

全书分为七章，每章的研究内容如下：

第一章，引言。阐述研究背景，引出本书所要研究的问题以及研究的意义，明确全书的基本框架和研究方法。

第二章，理论基础与文献综述。总结归纳流动性管理对企业资源配置问题影响的理论研究，主要是融资理论、分配理论和投资理论，并从银行授信与企业资源配置、财务弹性与企业资源配置、强制分红政策与企业资源配置三个方面梳理国内外文献。

第三章，概念界定和现状分析，对银行授信、财务弹性与企业资源配置现状进行分析，为之后章节的研究打下基础。

第四章，以强制分红政策为背景，实证研究财务弹性对企业派现意愿、派现水平的影响。同时，为了进一步增强研究结果的稳健性，进一步考察了具有财务弹性的企业在强制分红政策影响下的分红行为对于企业业绩的影响。

第五章，以强制分红政策为背景，实证研究银行授信对企业投资量和投资效率的影响。同时，为了进一步增强研究结果的稳健性，进一步考察了具有银行授信的企业在强制分红政策影响下的投资行为对于企业价值的影响。

第六章，在上两章的基础上，实证研究银行授信、财务弹性对企业过度投资的共同影响。同时，为了增强研究结果的稳健性，进一步考察了具有财务弹性的企业在获得银行授信后带来的过度投资行为对企业业绩的影响。

第七章，研究结论与展望。总结本书主要的研究结论，并提出政策建议，最后还指出了本书的局限性和未来的研究方向。

经过理论分析和实证检验，我们得到以下研究结论：

第一，关于银行授信、财务弹性与企业资源配置现状。实证研究显示，我国获得银行授信企业的规模和比例基本呈现逐年增长趋势，一定程度上说明企业获得银行授信的意识在增强。保持财务弹性的企业数量在增加，比例却呈现上下波动的趋势，也显示了企业流动性管理的意识在加强。企业的投资量呈现上下波动的态势，过度投资水平明显高于投资不足水平，派现比例和水平受强制分红政策的影响也处于不断波动中。

第二，关于财务弹性与企业分红行为。强制分红政策的发布能够显著提高企业的派现意愿和派现水平。与未保持财务弹性的企业相比，保持财务弹性的企业在强制分红政策的影响下能够更加显著地提高派现意愿和派现水平，并且这种作用在强政策期表现更为明显，这可能是由于保持财务弹性的企业不再面临流动性压力，从而更容易满足强制分红政策的要求。同时，保持财务弹性的企业因强制分红政策影响带来的分红将会引起企业业绩的提升。这说明企业保持一定的财务弹性有利于增强企业应对政策冲击的能力，能够有效地调整其分红行为，并且有助于提升企业业绩。

第三，关于银行授信与企业投资行为。对于投资量来说，在强制分红政策影响下，企业的投资增量和投资规模会减少。但获得银行授信能够缓解投资量下降的趋势。获得银行授信的企业能够在企业受到政策不利影响时更大幅度地增加投资支出。这说明遭遇不利冲击使得现金流短缺时，获得银行授信的行为能增强企业在不利冲击中把握投资机会的能力，增加企业的价值。

对于投资效率来说，一方面，强制分红政策的发布加重了投资不足的程度，但事先获得银行授信可以缓解这种趋势，减少投资不足的程度，并最终带来企业价值的提升，在规模较小、民营企业等现金流较少的企业中尤其如此；另一方面，强制分红政策的发布能够减少过度投资的规模，但事先获得银行授信却能够带来过度投资的增加，并最终带来企业价值的减少，这种情况在规模较大、国有企业等现金流较为充裕的企业中表现最为明显。因此，不同的企业进行流动性管理的方式不同，不应盲目追求获得银行授信，监管机构制定政策时也应杜绝"一刀切"。

第四，关于银行授信、财务弹性与过度投资。银行授信对过度投资具有正向的影响。与没有财务弹性的企业相比，具有财务弹性的企业获得银行授信将会导致过度投资的增加，这可能是由于具有财务弹性的企业不再面临流动性压力，从而将银行授信用于扩大投资规模并导致过度投资问题。同时，保持财务弹性的企业获得银行授信之后带来的过度投资将会引起企业业绩的下降，这说明财务弹性和银行授信的结合确实会带来一定的委托代理问题，由此引起的过度投资行为会导致投资效率下降，最终带来企业业绩的恶化。

本书的研究主要在以下方面有所创新：

第一，研究发现，保有财务弹性的企业在强制分红政策的影响下有更高的派现水平和派现意愿，并且这种派现的增加会带来企业价值的增加。这给企业的流动性管理提供了新的思路，派现的增加与保持财务弹性并不一定是冲突的，企业事先保有较好的财务弹性更加有利于企业进行有效的分红派息，增加企业价值。

第二，研究发现，获得银行授信可以应对强制分红政策带来的冲击，增加投资水平和投资增量，并最终带来企业价值的提升。这一发现为获得银行授信从而改善企业流动性情况提供了直接的证据。而以往的研究往往集中于银行授信带来的信息不对称和代理问题导致企业过度投资和投资效率的下降。在面对政策冲击时，获得银行授信能够减少投资不足，提高投资效率；但同时，获得银行授信也能够增加过度投资，降低投资效率。因此，保持银行授信对企业并非一定是有利或者不利的，企业应根据自身流动性和融资约束情况进行流动性管理。

第三，研究发现，企业进行银行授信、财务弹性管理，不是保有流动性越多越好。相反，若企业在保有财务弹性的同时又获得了银行授信，则会因为代理问题带来过度投资和投资效率的下降，给企业业绩增长带来不利影响。因此，企业应该综合考虑具体情况，保有适度的内外部流动性。

综上所述，本书的研究为企业进行银行授信、财务弹性管理提供了一些建议。企业只有保持适度的流动性，才能有效地应对政策冲击，提高投资效率，促进业绩增长，增加价值。

目录

第一章
引　言

第一节　研究背景与研究意义

一、　研究背景

党的十八大报告提出，全面深化经济体制改革。党的十九大报告提出，加快完善社会主义市场经济体制，其中，经济体制改革以完善产权制度和要素市场化配置为重点。深化改革是加快转变经济发展方式的关键。经济体制改革的核心问题是处理好政府和市场的关系，使市场在资源配置中发挥决定性作用。因此，深化经济体制改革的关键是发挥市场主体的能动性。企业是市场重要的参与主体，深化经济体制改革需要大力发挥企业的市场主体作用。对于企业来说，提高资源配置效率，更好地实施投资行为、分红行为，提升投资效率，从而增加业绩、提高价值是重要的发展目标。我国目前正处在供给侧结构性改革的关键时期，提高土地、劳动、技术、资金等生产要素的使用效率也是目前供给侧结构性改革的重要目标。因此，本书研究了企业发挥能动作用，即进行银行授信和财务弹性的流动性管理行为，能够对企业的资源配置行为产生何种影响，从而为企业更好地管理银行授信和财务弹性、更好地进行资源配置提供建议。

深化金融体制改革是经济体制改革的重要组成部分，这要求完善金融监管，维护金融稳定。相比成熟的资本市场，中国的资本市场长期以来存在"重融资、轻回报"的现象。为此，证监会从 2001 年开始陆续颁布了一系列政策来引导甚至强制上市公司分红，目的是让企业长期回报投资者成为主流行为，促使市场向成熟资本市场发展，最终让市场有效地发挥资源配置功能。具体政策规定如表 1.1 所示。从表 1.1 中可以看出证监会对企业分红规定的特点是：由指导性逐渐转化为强制性，由多种分红方式逐渐转化为现金分红，并且对企业分红比例的要求越来越高。

表 1.1   强制分红政策规定

时间	文件	文件原文规定
2001.3.28	《上市公司新股发行管理办法》	公司最近 3 年未有分红派息，董事会对于不分配的理由未作出合理解释的，担任主承销商的证券公司应当重点关注，并在尽职调查报告中予以说明
2004.12.7	《关于加强社会公众股股东权益保护的若干规定》	上市公司董事会未做现金利润分配预案的，应当在定期报告中披露原因，独立董事应当对此发表独立意见；上市公司最近三年未进行现金利润分配的，不得向社会公众增发新股、发行可转换公司债券或向原有股东配售股份
2006.4.26	《上市公司证券发行管理办法》	上市公司公开发行证券应符合最近三年以现金或股票方式累计分配利润不少于最近三年实现的年均可分配利润的百分之二十
2008.10.9	《关于修改上市公司现金分红若干规定的决定》	再融资的分红比例提高到百分之三十，并且规定仅为现金分红
2011.11	窗口指导意见	规定拟 IPO 企业申报前（报告期内）没有突击分红的，则窗口指导意见为现金分红比例不低于 15%。如拟 IPO 企业在申报前有突击分红的，则窗口指导意见为现金分红的比例为申报前突击分红时比例的 2 倍略高
2013.11.30	《上市公司监管指引第 3 号—上市公司现金分红》	上市公司应当在章程中明确现金分红相对于股票股利在利润分配方式中的优先顺序。具备现金分红条件的，应当采用现金分红进行利润分配。采用股票股利进行利润分配的，应当具有公司成长性、每股净资产的摊薄等真实合理因素
2015.8.31	《关于鼓励上市公司兼并重组、现金分红及回购股份的通知》	上市公司应建立健全现金分红制度，保持现金分红政策的一致性、合理性和稳定性；鼓励上市公司结合本公司所处行业特点、发展阶段和盈利水平，增加现金分红在利润分配中的占比，具备分红条件的，鼓励实施中期分红
2019.12.28	《中华人民共和国证券法》	上市公司应当在章程中明确分配现金股利的具体安排和决策程序，依法保障股东的资产收益权

注：2020 年新修订《上市公司证券发行管理办法》未修订分红相关内容。

强制分红政策的出台会影响企业的分红行为，那么，这些强制分红政策的实施究竟给企业分红行为带来了什么影响？企业分红行为的变化又会影响企业的投资行为、投资效率，并最终影响企业的业绩和价值。因此，本书的研究将以强制分红政策为政策背景，研究企业的流动性管理如何影响企业的资源配置行为。

财务弹性是企业内部流动性较好的代理变量，它反映了企业面对突发状况和投资机会时，能够迅速反应并抓住投资机会的能力，也代表了企业以低成本获得融资的能力。我们选取财务弹性作为企业内部流动性的代理变量，那么，企业财务弹性的情况对强制分红政策影响下的分红行为又会产生何种影响呢？外部强制分红政策、内部财务弹性管理对企业分红行为的影响是怎样的呢？如何有效地将企业决策与政府监管结合起来实现企业合理的资源配置呢？因此，本书首先以强制分红政策作为政策背景，研究强制分红政策背景下企业管理财务弹性对企业分红行为的影响效应和机制。

分红行为的变化又会影响企业的投资行为。那么，强制分红政策对于企业投资行为的影响效应又是怎样的呢？银行授信是指借款者从银行获得的未来一段时间内按照事先约定条款得到贷款的承诺。与普通贷款相比，银行授信有更大的灵活性，企业可以根据自身的经营状况在授信额度范围内自主调节贷款，避免抵押贷款可能带来资金闲置，对企业更有吸引力。与二级市场融资相比，银行授信获得资金更快，也节省了发行审核等中间费用，因此，对于企业也具有相对更大的吸引力。授信对于公司而言是重要的融资来源，对银行而言也是重要的业务。目前，国内外关于银行授信的研究是较为热门的方向。因此，本书选取银行授信作为企业外部流动性情况切入点，研究企业获得银行授信对受到外部强制分红政策的企业投资行为的影响效应和机制。强制分红政策、银行授信对企业投资行为的共同影响是什么呢？产生这种影响的机制是怎样的呢？如何有效地将企业授信决策与政府监管结合起来实现其合理的资源配置呢？因此，本书接着研究了强制分红政策背景下企业管理银行授信对企业投资行为的影响效应和机制。

在分别研究财务弹性、银行授信对于企业资源配置情况影响的基础上，考虑到企业进行流动性管理是同时考虑外部银行授信与内部财务弹性情况的，那么，银行授信、财务弹性对企业投资效率的共同影响效应是什么呢？因此，本书最后研究了同时考虑银行授信、财务弹性情况对企业投资效率的影响效应和机制。

二、 研究意义

本书从沪深 A 股上市公司入手，试图通过研究企业的银行授信、财务弹性管理行为会对企业的资源配置行为产生何种影响，对企业流动性管理、银行审贷、金融监管部门的监管提出一定的建议。同时，为银行授信、财务弹性与资源配置相关研究提供实证证据支持，包括：财务弹性对强制分红政策背景下分红行为的影响研究；银行授信相关研究，尤其是银行授信后果研究；银行授信、财务弹性对投资效率共同影响的研究。

（一）现实意义

本书的研究为企业流动性管理提供了建议，企业应注重内外部流动性的综合考量，保持适度的内部与外部流动性对于企业缓解委托代理问题、提高投资效率具有重要意义。本书的实证研究证明，企业进行内外部流动性管理，事先获得银行授信或者保持财务弹性将对企业的投资、分红乃至业绩产生重要的影响。当面临政策冲击时，企业若事先保有银行授信或者保持财务弹性，有利于企业缓解融资约束，提高投资水平和分红水平。但是，过多的流动性不仅浪费成本，更会带来过度投资和投资效率的下降。积极的流动性管理行为不仅仅包括保有流动性，更表现在保有适度的流动性。保有适度的银行授信和财务弹性才有利于企业资源配置效率的提高。

对于银行来说，应该严格审贷，不应只看企业的内部流动性状况就同意贷款。若只注重企业的内部流动性状况，有可能导致投资效率的低下。银行审贷时更应该注重对企业情况的全面审查。

企业积极的流动性管理和银行更为市场化的审贷流程促使金融监管机构进行更为有效的监管。强制分红政策是我国金融市场不完善时期的特殊政策，随着我国企业的不断发展和企业管理水平的不断提升，企业应该会逐渐制定科学的分红政策。监管机构也应出台更为科学的措施，尤其是针对不同企业制定有区别的政策，以更好地促进企业投资效率的增长，提升整个社会的资源配置效率。

（二）理论意义

本书的研究丰富了我国银行授信与企业资源配置实证研究的文献；提供了同时考虑内外部流动性对于企业投资效率影响的新的证据；考察了强制分红政策效果与企业内部流动性对于企业的相互影响。

1. 本书的研究发现，保有财务弹性的企业在强制分红政策的影响下派现水平和派现意愿会提高，并且这种派现的增加会带来企业业绩的增加。这给企业的流动性管理提供了新的思路，丰富了企业进行流动性管理的文献。派现的增加与保持财务弹性并不一定是冲突的，事先保有较好的财务弹性更加有利于企业进行有效的分红派息，增加企业业绩。

2. 本书的研究发现，获得银行授信可以应对强制分红政策带来的冲击，增加投资水平和投资增量，并最终带来企业价值的提升。这为获得银行授信改善企业流动性情况提供了直接证据。而以往的研究往往集中于银行授信带来的信息不对称和代理问题导致企业过度投资和投资效率下降。

3. 本书的研究发现，企业进行银行授信、财务弹性管理不是保有越多流动性越好。相反，若企业在保有财务弹性的同时又获得了银行授信，则会因为代理问题带来过度投资和投资效率的下降，给企业业绩增长带来不利影响。因此，企业应该保有适度的流动性。而以往的研究没有综合考虑这两种因素的共同影响。

本书的研究为企业进行银行授信、财务弹性的管理提供了一些建议。企业只有保持适度的流动性，才能有效地应对政策冲击，提高投资效率，促进业绩增长，增加价值。

第二节　研究内容和研究方法

一、　研究思路

本书在理论分析和文献回顾的基础上，以企业的流动性管理与企业资源配置问题为主线，以强制分红政策为背景，从企业内外部流动性管理对企业资源配置问题影响的研究入手。流动性管理分别选取内部流动性指标（财务弹性）和外部流动性指标（银行授信），资源配置行为体现在企业内外部投资者两方面：一是为企业长期发展配置的资金（投资行为），二是为回报投资者保护其利益分配的资金（分红行为），这两方面的行为将有利于资源配置效率的提升。最终，形成三个研究专题：一是企业的财务弹性安排对企业分红行为的影响；二是企业的银行授信安排对企业投资行为的影响，其中投资行为包括投资量和投资效率；三是银行授信、财务弹性两者对企业投资效率的共同影响。

本书的研究以强制分红政策为背景。中国证监会出台的一系列强制分红政策对企业的分红行为进行了规定，因此，我们首先研究了强制分红政策的出台对企业分红行为的影响，并研究在企业财务弹性不同的情况下，政策的影响效应是否会发生变化。在证明了强制分红政策、财务弹性对企业分红行为的共同影响之后，考虑到强制分红政策通过影响企业的分红行为能够进一步影响企业的投资行为，包括企业投资规模和投资效率，并且考虑到企业获取外部银行授信的行为能够影响政策对投资行为作用的发挥，我们接下来重点研究了强制分红政策、银行授信对企业投资行为的共同影响。企业进行分红、投资的最终目的是提高投资效率。最后，我们在上两部分研究的基础上，考虑银行授信、财务弹性对企业过度投资的共同影响。本书通过研究企业的内部流动性财务弹性、外部流动性银行授信对企业分红行为、投资行为、投资效率的影响，为企业进行内外部流动性管理、提高投资效率提供了一定的政策建议。另外，本书的研究也为金融监管机构的政策制定、银行审贷提供了一定的政策建议。

本书的研究框架见图 1.1：

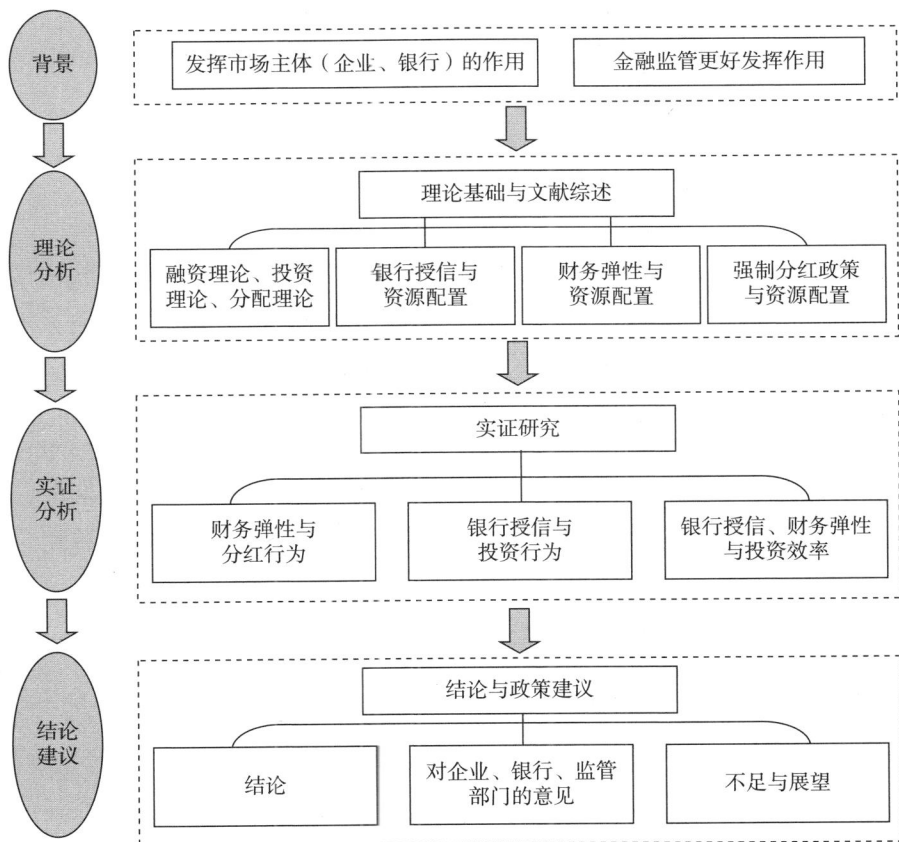

图 1.1　本书研究框架

二、　研究方法

本书采用规范研究和定量实证分析研究两种方法，其中，本书的主体部分将使用实证研究的方法，选取我国沪深 A 股上市公司的数据进行实证研究，通过对上市公司面板数据进行回归分析得出结论。

（一）规范研究方法

本书第二章"理论基础与文献综述"主要采用规范分析研究的方法，对企业进行流动性管理、资源配置的理论文献进行梳理，主要包括融资理论、投资理论、分配理论。本章还对银行授信、财务弹性、强制分红政策对企业资源配置的影响行为的理论和实证文章进行总结，为本书第四、第五、第六章的实证研究提供逻辑基础。

（二）定量分析研究方法

1. 描述性统计。本书中将多次使用描述性统计的方法。在第三章对于我国目前银行授信、财务弹性与企业资源配置问题的现状研究中将主要使用描述性统计的研究方法。另外，在第四、第五、第六章的实证检验之前会对样本数据进行描述性统计的分析，通过描绘样本数据的概貌，帮助对样本数据有整体的了解。

2. 参数检验。参数检验主要使用了 T 检验的方法。在本书的第四章、第五章、第六章的实证检验之前使用 T 检验简单直观地展示解释变量的作用。在第四章，通过对政策前后以及是否有财务弹性企业进行分组 T 检验，了解政策与财务弹性是否会对企业的分红行为产生影响。在第五章，通过对政策前后以及是否获得银行授信的企业进行分组 T 检验，了解政策与银行授信是否会对企业的投资行为产生影响。在第六章，通过对是否获得银行授信、是否具有财务弹性的企业进行分组 T 检验，了解银行授信、财务弹性情况是否会对企业的投资效率产生影响。

3. 多元回归分析。本书第四、第五、第六章的实证分析主要采用面板数据的多元回归分析方法，包括 OLS、Tobit、Logit、GLS、2SLS、GMM 等方法。

三、 数据来源

本书数据来源于锐思数据库，包含沪深 A 股非金融类上市公司的数据。

在本书第四章的研究中，由于需要验证强制分红政策的效果，因此，使用了1998—2015 年的数据。而在第五、第六章的研究中，由于数据库中只有 2001 年之后的数据，因此选取了 2001—2015 年的银行授信数据，导致涉及银行授信的研究只能使用 2001—2015 年的数据，不过这并不会影响本书的主要结论。

第二章
理论基础与文献综述

本书研究银行授信、财务弹性对企业资源配置的影响，概括来说，本书试图证明企业不同的融资行为（银行授信、财务弹性）对企业的资源配置（投资行为、分红行为和投资效率）产生何种影响。从理论基础来看，这包括融资理论、投资理论、分配理论。因此，本章首先总结了本书研究的理论基础，然后分别对银行授信与资源配置、财务弹性与资源配置，以及强制分红政策与资源配置的研究文献进行梳理。

第一节 理论基础

一、融资理论

（一）MM 定理

资本结构理论最初起源于 20 世纪 50 年代，由 Modigliani 和 Miller（1958）在其《资本成本、公司财务和投资管理》一书中提出。他们指出，在强式有效的完美的资本市场中，公司的融资决策并不重要，确切地说，是公司的融资决策与公司的总体价值无关，此即资本结构无关论，也称 MM 定理。该定理的提出对之后资本结构理论的发展产生了极其重要的影响。但最初的 MM 定理的假设条件过于严格，与现实条件完全不相符。后来修正的 MM 定理放宽了关于公司税的假定，在模型中加入了公司税的影响。加入公司税的影响之后，由于债务的省税作用，有财务杠杆的公司的价值会超过无财务杠杆的公司的价值，但结论却又走向了另一个极端：由于模型只考虑负债的省税作用，因此，当公司全部负债运营时，公司价值最大，这显然也与现实情况不符。虽然 MM 定理的研究结论与现实相去甚远，但 MM 定理的研究思路和研究框架对之后的研究产生了重要的影响。

（二）权衡理论

MM 定理虽然已经考虑了公司税这一条件，但得出的结论是公司负债越多，价值越大。这是因为模型没有考虑一个重要的因素，即当公司负债过多时，公司破产或陷入财务困境的成本增大。因此，公司负债的多少应该权衡考虑负债的价值和财务困境成本，此即权衡理论的内容。

1973 年，Kraus 和 Litzenberger 提出了权衡理论（Tradeoff Theory），此外还有许多学者如 Robichek（1967）、Mayers（1984）、Kraus（1973）、Rubinmstein（1973）、Scott（1976）等为权衡理论的研究作出了贡献。权衡理论认为，一方面，企业可以充分利用负债的省税作用，通过不断增加负债来增加企业价值。另一方面，随着债务比例的不断上升，企业陷入财务困境甚至破产的可能性也在增加，如果企业破产，不可避免地会发生破产成本。即使不破产，但只要存在破产的可能，或者说，只要企业陷入财务困境的概率上升，就会给企业带来额外的成本，比如，在公司急需外部资本时需要付出更多的成本去获得。因此，财务困境成本是制约企业增加负债的一个重要因素，因此，企业在决定最优资本结构时，必须要权衡负债的避税效应和财务困境成本。在综合权衡两方面因素的条件下，才能够作出最优的负债选择。

（三）融资优序理论

虽然权衡理论放宽了一部分 MM 定理的假设条件，但假设前提仍然过于严苛。继续放松 MM 理论的完全信息假定，Myers 和 Majluf（1984）在考虑信息不对称以及交易成本影响的前提下，提出了融资优序理论（Pecking Order）。

融资优先理论认为，当企业进行外部权益融资时，投资者会因为信息不对称而调低对股价的估计，导致股价下跌和企业价值下降。因此，外部权益融资在融资中应该是最后的选择。在权衡内部留存收益和外部债务融资时，由于内部留存收益不需要支付费用，也不需要签订契约，不存在交易成本，因此，内部留存收益优于外部债务。综上所述，企业筹集投资所需资金的融资顺序偏好为：首先是内部融资即留存收益，其次是安全性债务融资和风险性债务融资，最后才是权益融资。只有当企业内部留存收益不能满足需求时，企业才会动用持有的现金，如果仍然不能满足需要，就会进行债务融资，最后才是权益融资。

（四）委托代理理论

管理层与股东之间的信息不对称可能导致委托代理问题。Jensen 和 Meckling（1976）提出，管理层是公司的代理人，股东是委托人，委托人与代理人之间存在一些不同的利益，管理层可能为了追求自身的利益而忽视公司和股东的利益。比如，管理层追求自身过高的工资和津贴、盲目增加管理企业的规模建立商业帝国、追求自身职位的稳固等。Berger 等（1997）发现经理自利行为与公司的杠杆率是负向的关系，并且提高杠杆率可以降低这种自利行为的可能性。即若公司负债运营较多，委托代理问题会减轻。但从公司利益的角度来看，股东可以通过各种监督和控制机制来规避管理层的自利行为，包括独立董事的监督等，但监督机制只能减少而不能消除委托代理问题。

二、 投资理论

早期的西方投资理论主要是以 Marshall（1920）为代表的新古典主义的企业厂商理论，后经过 Chenery（1952）和 Koyck（1954）等人的发展而成为西方最早的投资决策理论，该理论是西方经济学中最为经典的理论之一，包括成本理论、厂商均衡理论、市场分类理论等。该理论研究重要的假设前提就是理性人假设、完全信息假设和市场出清假设，这些假设前提在现实中也是不能成立的。随着委托代理理论、契约理论、信息不对称理论、公司治理结构理论逐步被运用于现代企业投资领域的研究，投资理论的发展掀开了新的篇章。

Myers 和 Majluf（1984）在提出融资优序理论时提出了信息不对称理论，Jensen 和 Meckling（1976）提出了由于股东和管理层利益不同而引发的委托代理问题，在信息不对称和委托代理问题同时存在的情况下，公司可能存在投资不足或者过度投资等投资效率下降的问题。Jensen 在其 1986 年的文章中从委托代理的角度首次引入了过度投资（Over – investment）的概念，他认为当公司存在较多的自由现金流时，管理层会为了自身利益选择净现值小于 0 的项目，从而发生过度投资。Narayanan 则在 1987 年从不对称信息的角度提出了过度投资的问题，其假设的不对称信息存在于对新项目的认知。

另一个能够产生过度投资的原因是融资约束。当存在信息不对称和委托代理问题时，会导致外部资金成本高于内部资金成本，但内部资金又非常有限时，企业不得不放弃一些有价值的投资机会，从而产生融资约束问题。同时，公司内部若存在融资约束就会对投资行为产生影响。1988 年，Fazzari、Hubbard 和 Petersen 根据信息不对称理论提出融资约束假说，三人为信息不对称理论提供了经验的证据，说明企业投资行为的扭曲。此后，学术界涌现出大量关于投资现金流敏感性的研究。大部分学者借鉴他们的研究方法，按照先验的反映融资约束水平的指标将其分类，如股利支付率（Fazzari 和 Petersen，1993）、企业规模或年龄等，得到的结果均证实了融资约束条件下投资—现金流敏感性的存在，支持了他们的研究结论。直到 Almeida 和 Weisbach（2004）发现现金—现金流敏感性是更能表明融资约束的衡量指标。随后也有大量研究使用现金流敏感性来衡量融资约束程度。目前，关于两者孰优孰劣并无定论。国内大量实证研究也使用了这两种指标来测度企业的融资约束程度，表示企业的投资行为（连玉君和程健，2007；郭丽虹和马文杰，2009；曾爱民等，2013；连玉君等，2010；曾爱民和魏志华，2013）。

三、 分配理论

股利无关论（也称股利的 MM 理论）认为，在完善资本市场条件下，公司的分红政策对公司的股票价格没有影响，股票的投资价值是由公司的基本盈利能力和风险等级决定的。但是该理论是基于完美资本市场假设前提的，现实条件中这些条件无法达到，相反，很多研究证明，公司分红政策与股票价格波动有显著关系，特别是红利公告对股票价格影响相当显著。

而且，公司的分红政策能够通过影响过度投资或者投资不足来影响企业的价值。Kalay（1980）认为股利政策与投资政策是相互依赖的，如果合同规定一个较低的股利支付上限，企业就有较多的留存利润，从而就有可能发生过度投资行为。企业扩大投资规模可以增加管理者的可控资源，他们往往倾向于将企业内部留存利润投资到有利于自身利益最大化的项目中。如果把这些多余的现金作为股利支付给投资者，那么企业管理者的投资行为就可以受到约束，从而降低代理成本、提高企业价值（Jensen，1986；Stulz，1990）。一些研究表明，现金股利的支付减少了管理者可支配的现金，从而可以抑制企业的过度投资行为（Lang 和 Litzenberger，1989；Ghose，2005；魏明海和柳建华，2007；肖珉，2010；王茂林等，2014）。另外，Savov（2006）认为由于流动性约束的存在，股利变化会对投资产生显著的负面影响。Martins 和 Novaes（2012）发现很多巴西公司利用强制分红政策的漏洞来避免支付利息，不过，巴西的平均股息收益率要高于美国，而且企业没有减少投资。Ramalingegowda 等（2013）则发现，高质量的财务报告可以显著缓解股利决策对投资特别是研发投资的负面影响，同时，还可以降低企业由于股利支付而放弃有价值的投资项目的可能性。不过，肖珉（2010）的研究发现内部现金流紧缺的公司难以从以往年度连续派现或较多派现的历史记录中得到好处，并缓解其投资不足的问题，从而不能支持股利的信号模型和信息甄别功能。王茂林等（2014）也认为在自由现金流紧缺的企业，现金股利会加重投资不足。上述文献已经从多个角度研究了企业的分配行为和投资行为的关系。

第二节　银行授信与企业资源配置

一、 银行授信的含义与研究现状

早期关于授信的研究集中于理论研究，实证研究较少。首先，理论研究主要关注授信存在的理论证据。Holmström 和 Tirole（1998）认为授信能够为企业提供流动性保险，因此减少了信息不对称问题带来的交易成本，使公司现金保有接近最优水平。Boot 等（1987）认为授信可以减轻委托代理问题：因为授信提前确定了利率，在预期利率大幅上升时，提前确定的相对低的利率能够防止经理放弃努力等待破产。另外，理论研究从另一个角度说明了授信存在的必要性。Kashyap 等（1994）认为贷款（以授信方式）与存款之间存在协同效应，能够为银行节约流动性成本。根据上述理论，授信存在是有益的，为公司解决了流动性持有和流动性使用时间不一致的问题。因此，根据上述理论，公司授信管理的政策应为无限制扩大授信规模。但这显然是有问题的。一方面，授信并不等同于现金，获得授信不等于可以在任何情况下都会获得现金，银行授信是企业重要的外部流动性来源；另一方面，授信的获得和使用也是有成本的。

授信一定程度上为公司提供了预防流动性冲击的保险，类似于储备现金。但授信并不是公司现金的完美替代。Gamba 和 Triantis（2008）发现带来相同净债务的不同的现金债务组合可以导致公司价值的不同。因此，公司流动性管理具有意义。授信作为一种债务工具，显然可以为公司补充流动性，但授信不等同于现金，也不同于其他债务工具，持有授信并不总是有益的。

虽然公司有时会将已得到的银行授信等同于现金，但银行授信往往是或有合约，在授信合约中一般会规定一些条款，而且得到授信的企业也会受到银行的监督，这些使企业获得授信额度与获得现金是有区别的。授信合约中的限制性条款一般包括企业需满足财务性上的要求、借款人必须遵守事先约定的资产结构等基准。事实上，97%的上市公司的贷款合约中包含了至少一个财务契约（Sufi，2009），包括允许贷款人在借款人的信贷质量显著恶化时截留资金，将贷款展期与企业达到一定业绩联系起来等。Sufi（2009）的研究发现：73%的银行贷款包含了一定的定价底线；37%的贷款有一个基于借款人现金流的底线；企业是否能够获得授信还面临银行财务状况与展期风险，金融危机期间许多公司经历了无法获得银行信贷的伤害。

Sufi（2009）研究了现金和授信的关系。他认为，拥有更多现金的公司更容易满足贷款合约的要求，因此公司使用授信也会更多。而且规模越大、现金流越充足以及投资机会越少的公司更有可能获得银行授信额度，而不是现金。Lins等（2010）调查了2005年29个国家的首席财务官（CFO），考察现金与授信额度的关系。他得出的结论认为，非营运资金可用于对负向的现金流冲击进行对冲，因此授信使公司具有抓住未来投资机会的能力。Agarwal等（2004）使用712家私人企业的数据，他们发现营运资本更多的公司有更多的授信，而资金需求面临更多不确定性的公司有更少的授信。

上述文献的研究都是在公司没有普遍面临融资约束的情况下，在2008年国际金融危机发生后，公司普遍面临融资约束，在这样的情况下，公司的流动性管理和授信使用是否有不同的情况呢？Campello等（2011）在上述文献的基础上，利用2008年国际金融危机期间的调查数据研究危机期间公司如何管理授信。他得到的结论认为，更小的、私人的、无投资评级的、非盈利的公司的授信比例更高。他还认为，当现金较少时，授信与现金有正向的关系，但当公司现金流达到一定水平后，这种正向关系不再存在。即当现金更多后，授信的使用将减少，从而说明两者之间具有替代性。显然，Campello等与Sufi的研究结论并不相同。前者从现金和授信的替代性角度出发，认为现金流较少的公司（规模较小、私人的、无投资评级、非盈利的公司）授信使用更多；而 Sufi 从未来现金流保证角度来说，认为只有未来有能力保持流动性的公司（规模大、现金流充足、投资机会越少的公司）才会更多地使用授信。

二、　银行授信与投资行为

Sufi（2009）曾在一篇文章中提出了授信未来研究的两个重要领域。其中之一便是研究公司获得授信后对于投资的影响。另一个是研究在不同的外部环境下，获得授信与没有获得授信公司的行为差异。Campbell 等（2011）的研究结果认为，当公司的现金流较少时，授信对于公司投资的影响也较少，得到的授信额度往往用于其他用途；而当公司的现金流较多时，授信才会显著影响公司的投资。这可以解释为，当公司不能得到授信时，公司将现金留存或者进行投资，但当公司内部现金流较多时，其得到授信也较多，公司的投资计划就会更多。

罗党论等（2012）研究了授信额度对于企业过度投资的影响，从产权的角度出发，研究国有企业与民营企业在使用授信额度上的差别。在这篇文章的基础上，应千伟和罗党论（2012）在权衡授信额度的"过度投资效应"与"缓解融资约束效应"基础上，更加细致地研究了在不同特征的企业中授信额度对于投资效率的差异化影响。易宪容（2009）认为，信用扩张不仅会把既有的借贷关系放大，也容易导致既有资源的跨期配置的失误。郭丽虹等（2014）研究发现银行贷款促进了投资增加。常亮等（2014）则从银行授信对企业现金持有管理行为的影响方向进行研究，认为对多次授信的公司而言，高投资支出伴随着更快的现金调整速度，但对从未获得授信的弱银企关系公司而言，不同投资水平的公司现金调整速度并不存在显著差异。

可见，针对授信与投资关系的研究还较少，但关于影响企业过度投资或者投资效率的文献已经较多。具体见表 2.1。

表2.1　　　　　　　影响公司过度投资（投资效率）的因素

影响因素	代理变量	结论	文献
制度环境金融发展	政府与市场关系得分、信贷资金分配化市场程度	地方政府控制和地方政府干预可以显著提高现金流过度投资，而金融发展可以降低过度投资	杨华军和胡奕明（2007）
信息披露、信息中介	深交所信息披露评价体系、跟踪分析师人数	信息披露水平和信息中介的发展，可以提高企业的投资效率	张纯和吕伟（2009）
终极控股股东控制权	是否拥有上市公司10%投票权、控制权和现金流权分离程度	股权集中、控股股东的存在会导致过度投资	俞红海、徐龙炳和陈百助（2010）
融资约束	公司规模、是否为集团公司、终极控股人性质、市场化进程、内部市场化发达程度	不受融资约束的企业更容易过度投资	王彦超（2009）
公司治理	第一大股东持股比例、管理层持股比例	公司治理质量越差的企业越容易过度投资	Sheifer 和 Vishny（1997）
战略委员会	战略委员会设立特征（包括规模、独立董事比例、平均任期、董事长是否担任战略委员会负责人、平均学历、平均年龄）	设立战略委员会的公司过度投资水平更高	覃家琦（2010）
管理层背景特征	管理层规模、学历、性别、年龄、任职时间等	管理层的教育水平、平均年龄与过度投资之间存在显著的相关性	姜付秀、伊志宏、苏飞和黄磊（2009）
管理者过度自信	上市公司盈利预测偏差	过度自信的管理者倾向于过度投资	王霞、张敏和丁富生（2008）

第三节　财务弹性与企业资源配置

一、财务弹性的含义与测度

公司金融领域近来非常关注财务弹性的问题。Harry DeAngelo 和 Linda

DeAngelo（2006）指出，当盈利下降和（或）出现投资机会时，财务弹性较强的企业更容易满足其融资需求。因此，保持良好的财务弹性对于企业的生存和健康发展具有重要意义。一些研究认为，财务弹性成为 CFO 等公司管理者关注的焦点，被视为财务决策的首要考察因素（Graham 和 Harvey，2001）。

许多学者对财务弹性提出了不同的定义方式。Harry DeAngelo 和 Linda DeAngelo（2006）认为，财务弹性是公司能够为 NPV 为正的项目融资，同时避免陷入财务困境的能力。Byoun（2011）则认为，财务弹性是公司能够调动财务资源来应对未来不确定事项的能力。Gamba 和 Triantis（2008）认为财务弹性一般是指企业以低成本获得融资的能力，将财务弹性看作企业以低交易成本获取财务资源或重构财务活动的能力，并进一步描述为具有财务弹性的企业能够在面临不利打击时逃避财务困境，以及在获利机会出现时能够低成本地融通投资所需资金。Danieletal（2008）认为财务弹性指的是企业面对现金流和投资机会方面的意外变动时所具有的及时并以有利于企业价值最大化的方式进行反应的能力。而美国财务会计准则委员会所界定的财务弹性则为：企业采取有效行动改变现金流的数量和时间以应对意外需求和机会的能力。

现有研究中财务弹性的测度指标主要有：现金指标，如 Faulkender 和 Wang（2006）、Harfor 等（2008）；杠杆指标，如 Byoun（2008）；现金与杠杆指标的结合，Arslan 等（2014）提出仅仅考虑其中的一个指标是不完整的，认为同时考虑两个指标才能全面反映公司财务弹性的情况。另外，有的文献将预测的现金水平与理论的水平进行比较（顾乃康等，2011）来表示财务弹性；还有的文献以实际与预测财务杠杆的偏离程度作为财务弹性的测度标准（Marchica 和 Mura，2010）。但就目前来看，保守的财务杠杆策略和持有现金仍然被认为是企业获得财务弹性的主要方式（Arslan 等，2014）。

二、 财务弹性与企业分红行为

众多研究表明，财务弹性与股息发放有重要的关系（邓康林和刘明旭，

2013；董理和茅宁，2013；Jagannathan 等，2000；Harry DeAngelo 和 Linda DeAngelo，2006；Blau 和 Fuller，2008；Bonaimé 等，2014）。董理和茅宁（2013）的研究表明，公司的剩余负债能力能够影响企业的现金股利支付政策。Blau 和 Fuller（2008）的研究表明股息发放与保持财务弹性之间是权衡的关系：多发放股息能够带来股价上升的好处，但是财务弹性降低，可能无法抓住未来有利的投资机会或者未来需要资金时需要承担较高的成本；少发放股息可以保持财务弹性，使企业未来能够抓住好的投资机会，减少外部融资的摩擦和交易成本，但会使公司股价下跌。Bonaimé 等（2014）的研究表明股息政策和风险管理都对财务弹性有重要影响；Jagannathan 等（2000）认为企业的现金流挥发性越强，暂时性额外现金流需求越多，则企业越可能进行股份回购而不是股利分配，因为股份回购比股利分配更有利于保持企业的财务弹性。Lie（2005）检验了管理层在支付决策上的不同选择，研究发现支付政策的选择取决于企业面临的财务弹性，企业在两种情况下会增加对外支付，一是现金水平较高且债务比率较低时，二是资本性支出较低且成长机会有限时，增加后的对外支付包括正常股息、额外红利以及回购股份。Oded（2012）的研究认为，财务弹性是驱动企业股利支付政策的重要因素之一，股利支付政策的核心是如何在不削弱财务弹性的情况下获得自由资金，即股利支付政策取决于保持弹性和利用股利消除代理成本之间的平衡。Marchica 和 Mura（2010）研究发现股利停发是企业提高财务弹性的一个手段，股利停发使企业可以追赶有价值的投资机会。

三、 财务弹性与投资行为

财务弹性是企业内部流动性较好的代理变量，它反映了企业面对突发状况和投资机会时能够迅速反应并抓住投资机会的能力。关于财务弹性与投资行为的研究表明，保持财务弹性对于企业投资水平具有正向的影响（Denis 和 McKeon，2012；Marchica 和 Mura，2010；Arslan 等，2014；陈红兵和连玉君，

2013）。当企业面临外部负面冲击时，充分的现金储备可有效减少冲击对企业投资的影响（Campello 等，2010；曾爱民等，2013）。企业保持较低财务杠杆，具有借贷能力，也会促进企业的投资（Lang 等，1996；Marchica 和 Mura，2010）。曾爱民等（2013）的研究表明，与非财务柔性企业相比，财务柔性企业在金融危机时期的投资所受融资约束程度显著更轻，能在金融危机初期更大幅度地增加投资支出。陈红兵和连玉君（2013）的研究表明：财务弹性能显著提高企业投资水平；财务弹性对融资约束企业投资水平提升尤为显著；由于委托代理问题，财务弹性企业投资效率显著低于无弹性企业投资效率。

第四节 强制分红政策与企业资源配置

一、 强制分红政策与分红行为

Shieifer 和 Vishny（1997）认为，公司治理的核心问题是如何保护投资者利益，确保投资者获得投资回报。在新兴市场国家，公司治理系统缺乏足够的效率，难以约束上市公司主动发放股利来回报投资者。因此，一些国家通过颁布强制性股利政策强制上市公司发放股利以保护投资者利益，如巴西、智利、乌拉圭、哥伦比亚、希腊等（La Porta 等，1998）。实施强制性股利政策的主要目的在于提供股东满意的股利支付水平以及保护股东的股利分配权（Kink-ki，2008）。

La Porta 等（1998，2000）认为，实施强制性股利政策的国家与不实施该政策的国家相比，其上市公司具有更高的股利支付水平。Martins 和 Novaes（2012）认为强制性股利政策保护了少数股东的现金流权且没有影响企业投资计划的实施，这说明强制性股利政策是有效的。不过，Adaoglu（2008）研究发现，土耳其在 2003 年恢复强制性股利政策后，上市公司的股息率并没有显著提高，这表明强制性股利政策的效果并非是确定的。

中国自2001年开始推出一系列分红规定，上市公司的股利分配情况确有明显改善，派现公司占比和股利支付率已接近国外成熟市场的水平（安青松，2012；张跃文，2012）。国内有些学者开始探讨这些分红规定的合理性和实施效果（何涛和陈晓，2002；杨熠和沈艺峰，2004；李常青等，2010；王志强和张玮婷，2012；陈云玲，2014；魏志华等，2014）。其中，李长青等（2010）以2008年颁布的现金分红规定为研究背景，考察了强制分红政策实施时股票市场的反应，研究表明该政策可能迫使那些确有再融资需求但不宜分红的上市公司为获得再融资资格而分红，却难以约束那些理应分红但无再融资意愿的公司发放股利。王志强和张玮婷（2012）、魏志华等（2014）也得出了类似的结论。郭牧炫和魏诗博（2011）、李慧（2013）的研究发现，2008年的政策颁布后，有融资约束的公司显著增加了现金分红。魏志华等（2014）还发现该政策对高派现公司产生明显的"负向激励"。陈云玲（2014）则发现强制分红政策出台后，上市公司在再融资前出现集中大幅派现的情况。这些研究表明，2008年及之前出台的强制分红政策对于改善中国上市公司分红状况有一定效果，但对保护投资者利益所起的作用还比较有限。

二、 强制分红政策与投资行为

股利无关论指出，在完美的资本市场里，企业的市场价值由最优投资价值决定，与股利政策无关。然而，Kalay（1980）认为股利政策与投资政策是相互依赖的，如果合同规定一个较低的股利支付上限，企业就有较多的留存利润，从而就有可能产生过度投资行为。企业扩大投资规模可以增加管理者的可控资源，他们往往倾向于将企业内部留存利润投资到有利于自身利益最大化的项目中。如果把这些多余的现金作为股利支付给投资者，那么企业管理者的投资行为就可以受到约束，从而降低代理成本、提高企业价值

（Jensen，1986；Stulz，1990）。一些研究表明，现金股利的支付减少了管理者可支配的现金，从而可以抑制企业的过度投资行为（Lang 和 Litzenberger，1989；Ghose，2005；魏明海和柳建华，2007；肖珉，2010；王茂林等，2014）。

另外，Savov（2006）认为由于流动性约束的存在，股利变化会对投资产生显著的负面影响。Martins 和 Novaes（2012）发现很多巴西公司利用强制分红政策的漏洞来避免支付利息，不过，巴西的平均股息收益率要高于美国，而且企业没有减少投资。Ramalingegowda 等（2013）则发现，高质量的财务报告可以显著缓解股利决策对投资特别是研发投资的负面影响，同时，还可以降低企业由于股利支付而放弃有价值的投资项目的可能性。不过，肖珉（2010）的研究发现，内部现金流紧缺的公司难以从以往年度连续派现或较多派现的历史记录中得到好处，并缓解其投资不足的问题，从而不能支持股利的信号模型和信息甄别功能。王茂林等（2014）也认为在自由现金流紧缺的企业，现金股利会加重投资不足。

第五节　文献评述

目前，关于银行授信的文献以国外研究居多，国内研究在国外研究的基础上，一般从实证研究的角度出发，研究银行授信对于企业投融资行为的影响，较少将企业获得银行授信的行为与外部政策以及内部流动性结合起来，研究其对企业的投资行为的共同影响。但现实生活中，企业在决策时，面临的条件是多方面的，因此，本书的研究对现有文献是一种补充。

关于财务弹性的研究方兴未艾，财务弹性作为企业 CFO 财务决策考察的重点，许多研究都会涉及财务弹性的问题，但将财务弹性与外部的政策条件或银行授信结合起来，研究它们对企业分红行为和投资的影响的文献也是较少的。

关于强制分红政策的文献集中于政策后果或者政策有效性的研究，而本书另辟蹊径，试图将政策作为研究背景，考虑政策背景下企业的财务决策对企业投资和分红行为的影响，从侧面为政策的制定提出建议。本书在已有研究的基础上，试图能够通过研究假设和实证结论，为已有的文献提供一定的补充。

第三章
银行授信、财务弹性与
企业资源配置现状分析

在进行实证研究之前，我们先对我国企业目前获得银行授信、财务弹性与资源配置（投资行为、分红行为）的现状进行简要的概貌分析，以了解研究变量的发展态势，为之后进行实证研究打下基础。

第一节　银行授信现状分析

商业银行向企业提供信用，包括向企业提供贷款和银行授信。银行授信是指借款者从银行获得的未来一段时间内按照事先约定条款得到贷款的承诺。与普通贷款相比，银行授信有更大的灵活性，对企业有吸引力。本章从企业的角度入手，研究企业获得银行授信的情况。

首先，我们探讨一下我国上市公司获得银行授信的概貌。这里选取沪深A股上市公司2001—2015年的数据进行分析。银行授信数据来源于锐思（RES-SET）数据库中的借贷明细子数据库，我们根据这个数据库的公司数据进行手工整理，得到在样本期内获得授信的样本。对数据的筛选原则为：选取2001—2015年沪深A股上市公司，剔除金融类公司，剔除ST等被特殊处理的公司，剔除净资产小于0的公司。

　　表 3.1 列示了 2001—2015 年我国非金融类上市公司获得银行授信的企业和获得银行授信额度的情况。从表 3.1 可以看出，我国上市公司中获得银行授信的企业逐年增多，到 2013 年已有 547 家企业获得银行授信，并且每年企业获得银行授信额度也在增加。这一方面缘于我国企业流动性管理意识的增强，另一方面也可能受到上市企业不断增加的影响。

　　因此，我们需要考察获得银行授信企业的比例情况。图 3.1 列示了我国非金融类上市公司中获得银行授信的公司比例以及银行授信额度的均值情况。从图 3.1 可以看出，从 2001 年开始，获得银行授信公司的比例基本呈现逐年上升的态势，并且银行授信额度/总资产的值也逐年上升。这说明越来越多的企业注重流动性管理，试图保有更多的银行授信，也从侧面反映出，我国银行对于企业授信的发放越来越多。

表 3.1　2001—2015 年中国非金融类上市公司获得银行授信的情况统计

年份	样本企业数量（家）	获得授信的企业（家）	授信额度均值（万元）
2001	954	21	735
2002	1016	62	3200
2003	1076	78	4480
2004	1161	26	904
2005	1157	124	8180
2006	1188	148	10400
2007	1322	230	19800
2008	1401	304	21900
2009	1454	339	30800
2010	1692	393	36500
2011	1841	476	43000
2012	1940	540	52600
2013	1947	547	71600
2014	1828	510	70900
2015	1828	531	71800

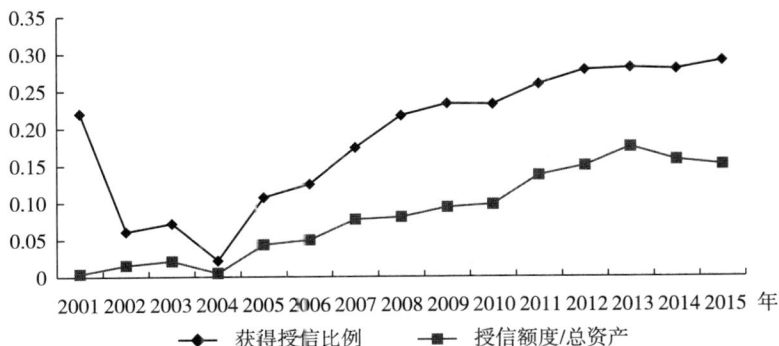

图 3.1　获得银行授信公司比例与银行授信额均值

一些研究发现，金融机构对民营企业存在一定程度的信贷歧视，因此国有企业与民营企业获得银行授信的难易程度不同。表3.2列示了我国沪深A股获得银行授信的国有企业和民营企业的数量和比例。从表中可以看出，获得银行授信的国有企业比例高于民营企业，但2007年之后，民营企业中能够获得银行授信的企业也渐渐增多，获得银行授信的比例也在逐年提高，与国有企业获得银行授信的比例逐渐持平，甚至超过国有企业。这显示出整体上我国企业目前流动性管理的意识在增强。

表3.2　　　　　　　获得银行授信的国有企业与民营企业的情况　　　　单位：家

年份	公司数量	国有企业		民营企业	
		数量	获得授信比例	数量	获得授信比例
2001	882	597	0.235	285	0.021
2002	946	639	0.064	307	0.058
2003	1007	677	0.078	330	0.064
2004	1146	736	0.024	410	0.020
2005	1142	737	0.113	405	0.099
2006	1173	756	0.126	417	0.122
2007	1307	802	0.172	505	0.180
2008	1386	823	0.203	563	0.240

续表

年份	公司数量	国有企业		民营企业	
		数量	获得授信比例	数量	获得授信比例
2009	1438	836	0.207	602	0.272
2010	1673	882	0.197	791	0.274
2011	1822	890	0.193	932	0.323
2012	1920	909	0.201	1011	0.351
2013	1947	803	0.219	1144	0.299
2014	1848	748	0.245	1080	0.302
2015	1848	747	0.246	1081	0.321

第二节 财务弹性现状分析

财务弹性是企业内部流动性较好的代理变量，它反映了企业面对突发状况和投资机会时能够迅速反应抓住投资机会的能力，代表了企业以低成本获得融资的能力。目前测度财务弹性的指标较多，主要有现金指标，如 Faulkender 和 Wang（2006）、Harfor 等（2008）；财务杠杆指标，如 Byoun（2011）；现金与财务杠杆指标的结合，如 Arslan 等（2014）。另外，有的文献将预测的现金水平与理论水平进行比较来表示财务弹性（顾乃康等，2011）；还有的文献以实际与预测财务杠杆的偏离程度作为财务弹性的测度标准（Marchica 和 Mura，2010）。就目前来看，保守的财务杠杆策略和持有现金仍然被认为是企业获得财务弹性的主要方式（Arslan 等，2014）。

因此，借鉴 Arslan 等（2014）、陈红兵和连玉君（2013）的做法，本书也使用现金与财务杠杆相结合的方式来衡量财务弹性。具体而言，设置 $FF1$、$FF2$ 两个代表变量。对于 $FF1$，将高现金的企业设置为具有财务弹性企业（$FF1 = 1$），否则为无弹性企业（$FF1 = 0$）；对于 $FF2$，使用现金与财务杠杆相结合的方法，将高现金低财务杠杆的企业设置为具有财务弹性企业（$FF2 = $

1），否则为无弹性企业（$FF2 = 0$）。划分标准为行业中位数。

这里选取沪深 A 股上市公司 1998—2015 年的数据进行分析。数据来源于锐思（RESSET）数据库，对数据的筛选原则为：选取 1998—2015 年沪深 A 股上市公司，剔除金融类公司，剔除 ST 等被特殊处理的公司，剔除净资产小于 0 的公司。

表 3.3　　我国沪深 A 股上市公司 1998—2015 年财务弹性状况

年份	LEV		Cash		FF1	FF2
	均值	中位数	均值	中位数	均值	均值
1998	0.417	0.413	0.117	0.092	0.245	0.656
1999	0.417	0.409	0.133	0.109	0.263	0.662
2000	0.428	0.419	0.173	0.136	0.281	0.624
2001	0.433	0.428	0.182	0.149	0.415	0.623
2002	0.441	0.437	0.169	0.142	0.379	0.605
2003	0.469	0.476	0.162	0.134	0.315	0.529
2004	0.484	0.494	0.158	0.127	0.281	0.472
2005	0.505	0.513	0.139	0.111	0.236	0.409
2006	0.511	0.524	0.140	0.111	0.235	0.394
2007	0.497	0.504	0.154	0.154	0.261	0.441
2008	0.491	0.499	0.152	0.121	0.279	0.467
2009	0.486	0.496	0.181	0.145	0.322	0.466
2010	0.462	0.468	0.207	0.157	0.382	0.498
2011	0.454	0.467	0.192	0.147	0.385	0.514
2012	0.460	0.465	0.176	0.135	0.359	0.507
2013	0.468	0.471	0.153	0.119	0.309	0.506
2014	0.463	0.458	0.136	0.107	0.278	0.522
2015	0.454	0.446	0.144	0.114	0.300	0.545

注：LEV 表示财务杠杆/总资产；Cash 表示现金/总资产。

表 3.3 列示了我国沪深 A 股上市公司 1998—2015 年现金、财务杠杆和财务弹性情况。从表中可以看出，$FF1$、$FF2$ 的值较为稳定，说明每年保有财务

弹性的企业比例相当，在小范围内上下波动，但随着我国上市公司总量的不断增加，保有财务弹性的企业数量是不断增加的。

第三节　企业资源配置现状分析

一、企业投资情况分析

（一）企业投资水平和投资增长

企业的投资情况，首先反映在投资量上，包括投资规模和投资增量。这里选取沪深 A 股上市公司 1998—2015 年的数据进行分析。数据来源于锐思（RESSET）数据库，对数据的筛选原则为：选取 2002—2015 年沪深 A 股上市公司，剔除金融类公司，剔除 ST 等被特殊处理的公司，剔除净资产小于 0 的公司。

图 3.2 列示了我国 2002—2015 年沪深 A 股上市公司平均的投资规模和投

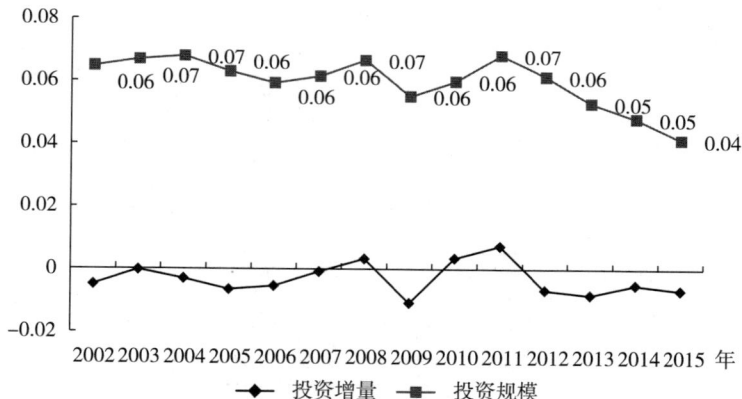

注：投资表示资本性支出/总资产。资本性支出＝构建固定资产、无形资产和其他长期资产支付的现金减去处置固定资产、无形资产和其他长期资产收回的现金。

图 3.2　2002—2015 年沪深 A 股上市公司投资规模和投资增量

资增量。从图中可以看出我国企业的投资规模较为稳定，只有小幅度震荡。投资增量在 2003 年、2008 年、2010 年、2011 年为正，其中，2008 年与 2010 年的投资增加考虑是受国家"四万亿"投资政策的影响较大。而 2011 年以来投资增量为负，说明 2011 年以来增速放缓、这一方面是对冲之前的快速增长，另一方面也确实反映了经济增速放缓导致企业投资增速逐渐放缓、企业投资增加缓慢的现状。

（二）企业投资效率分析

企业的投资效率是企业实现价值增值的重要手段，企业应致力于提高投资效率，防止出现过度投资与投资不足。我们依据 Richardson（2006）的模型度量过度投资，在度量时，借鉴俞红海等（2010）、罗党论等（2012）的做法，在模型中考虑投资机会的影响，同时加入现金、债务、企业年龄、企业规模和资产收益率等因素，考虑投资的连续性，采用滞后一期的变量作为解释变量，并控制行业和年度效应。其中，残差大于 0 的部分为过度投资（Excess），小于 0 的部分为投资不足（Less）。

最终选取的模型如下：

$$INV_{it} = a_0 + b_1 Growth_{it-1} + b_2 TobinQ_{it-1} + b_3 ROA_{it-1} + b_4 LEV_{it-1}$$
$$+ b_5 Size_{it-1} + b_6 Cash_{it-1} + b_7 Age_{it-1} + b_8 INV_{it-1}$$
$$+ \sum YearIndicator + \sum IndustryIndicator + \varepsilon_{it} \tag{3.1}$$

其中，$Growth_{it-1}$ 与 $TobinQ_{it-1}$ 分别表示上年营业收入增长和上年托宾 Q，这两个变量代表投资机会。ROA_{it-1} 表示上年度企业的总资产收益率；LEV_{it-1} 表示上年末的资产负债率；$Size_{it-1}$ 表示企业规模；$Cash_{it-1}$ 表示上年末的现金与现金等价物持有量/总资产；Age_{it-1} 表示企业成立年限；INV_{it-1} 表示投资的滞后项。$YearIndicator$ 和 $IndustryIndicator$ 分别表示控制年度与行业虚拟变量。

这里选取沪深 A 股上市公司 1998—2015 年的数据进行分析。数据来源于锐思（RESSET）数据库，对数据的筛选原则为：选取 1998—2015 年沪深 A 股上市公司，剔除金融类公司，剔除 ST 等被特殊处理的公司，剔除净资产小于 0 的公司。

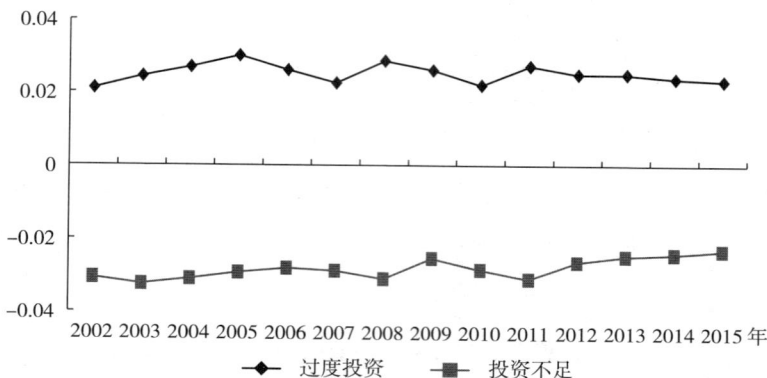

图 3.3　过度投资与投资不足年度均值

图 3.3 表现了我国企业自 2002 年开始的投资效率情况。从图中可以看出，2002—2015 年，对于过度投资的企业，年度均值在 0.02 ~ 0.04 徘徊，自 2011 年开始出现了下降的趋势。对于投资不足的企业来说，2002—2015 年一直在 -0.02 ~ -0.04 徘徊，自 2011 年开始，投资不足逐渐减少。从图中可以看出，自 2011 年开始，我国企业平均的过度投资和投资不足的情况都有所改善，这反映了我国企业投资效率提高的现状。

为了研判国有企业与民营企业的投资效率是否存在区别，表 3.4 列示了 2003—2015 年我国上市公司中国有企业与民营企业过度投资情况。从表中可以看出，无论是绝对量还是比例，我国过度投资的民营企业数量都远远小于国有企业。该结论说明国有企业存在更严重的委托代理问题，过度投资现象更为严重，这与实际情况相符。

表 3.4 2003—2015 年我国上市公司中国有企业与民营企业过度投资情况

单位：家

年份	国有企业数量	过度投资企业数量	比例（%）	民营企业数量	过度投资企业数量	比例（%）
2003	677	210	31.0	399	87	21.8
2004	736	219	29.8	425	86	20.2
2005	737	231	31.3	420	97	23.1
2006	756	237	31.3	432	92	21.3
2007	802	266	33.2	520	105	20.2
2008	823	303	36.8	578	124	21.5
2009	836	314	37.6	618	135	21.8
2010	882	327	37.1	810	166	20.5
2011	890	332	37.3	951	242	25.4
2012	909	342	37.6	1031	306	29.7
2013	803	368	45.8	1144	342	29.9
2014	748	278	37.2	1080	329	30.5
2015	747	290	38.8	1081	344	31.8

二、 企业分红行为分析

不同于西方国家，我国企业的分红派现不仅仅是企业内部决策的行为，同时也受到国家政策的影响。我国证监会分别在 2001 年、2004 年、2006 年、2008 年、2011 年、2013 年和 2015 年出台了政策规定，指导甚至强制企业分红，也称为强制分红政策。那么，企业分红派现是否受到了强制分红政策的影响呢？

表 3.5　　　　　1998—2015 年沪深 A 股上市公司的派现情况分析　　　　单位：家

年份	派现意愿	派现水平	派现比例	派现公司数量（家）
1998	0.314	0.056	0.192	216
1999	0.329	0.053	0.18	253
2000	0.669	0.09	0.367	591
2001	0.634	0.078	0.306	605
2002	0.545	0.074	0.296	554
2003	0.506	0.071	0.252	544
2004	0.565	0.085	0.291	656
2005	0.485	0.072	0.238	561
2006	0.507	0.078	0.216	602
2007	0.527	0.081	0.178	697
2008	0.552	0.079	0.206	774
2009	0.577	0.085	0.206	839
2010	0.623	0.106	0.206	1054
2011	0.664	0.111	0.224	1223
2012	0.73	0.109	0.274	1416
2013	0.746	0.101	0.264	1452
2014	0.705	0.0939	0.244	1289
2015	0.549	0.075	0.202	1004

注：派现意愿、派现水平和派现比例的值为年度均值。派现意愿：当年有派现时，派现意愿为 1，否则为 0；派现水平：每股现金股利；派现比例：每股现金股利/每股净利润。

　　表 3.5 列示了 1998—2015 年我国沪深 A 股上市公司的派现情况。派现数据来源于锐思（RESSET）数据库，对数据的筛选原则为：选取 1998—2015 年沪深 A 股上市公司，剔除金融类公司，剔除 ST 等被特殊处理的公司，剔除净资产小于 0 的公司。分别使用派现意愿（是否派现的虚拟变量）、派现水平（每股现金股利）、派现比例（每股现金股利/每股净利润）来考察企业的分红行为。从表 3.5 可以看出，我国 A 股上市公司的派现意愿总体上处于上升的趋势。2000 年之后比之前有大幅度的增加趋势，2004 年又比前后年份的派现意

愿显著更高，在随后的年度，派现意愿一直稳定增加。同样地，派现水平和派现比例也表现出同样的变化趋势。派现公司的数量从 1998 年的 216 家增加到 2013 年的 1452 家。整体上来说，我国强制分红政策与企业分红派息的增加是一致的。这说明我国企业的分红水平不断提高可能源于我国证监会强制分红政策的不断出台，当然，这也与我国企业派现意识的提高有关。

第四节　本章结论

本章概括地列示了本书所研究的变量——银行授信、财务弹性与企业资源配置情况的现状。总结来说，自 2001 年以来，我国企业获得银行授信的企业数量和比例都在增加，而且相对于民营企业，国有企业获得银行授信更加容易。保持财务弹性的企业绝对数量也在增加，但比例上下波动。企业的投资增量和投资规模在上下波动，投资增量在 2009 年前后达到峰值，2011 年以来开始下滑。整体来说，我国企业过度投资的程度高于投资不足的程度，自 2011 年以来，过度投资和投资不足的现象有所缓解。同时，大体上看，我国企业的分红情况与强制分红政策的出台时间保持一致，显示企业分红派现情况受政策影响较大。

第四章
财务弹性与分红行为

——基于强制分红政策背景的分析

分红行为是影响企业资源配置效率的重要因素，分红行为的变化又会影响企业的流动性情况和投资行为，并最终影响企业的价值和业绩。中国证监会自2001年以来逐步出台了一系列强制分红政策，指导甚至强制企业的分红行为。另外，进行财务弹性管理也会影响企业的分红行为，尤其是会影响强制分红政策对分红行为影响的效应和机制。因此，本章研究了企业进行内部流动性管理保持财务弹性对强制分红政策影响下的分红行为的影响效应和影响机制。

第一节　问题的提出

相比成熟的资本市场，中国的资本市场长期以来存在"重融资、轻回报"的状况。为此，证监会从2001年开始陆续颁布了一系列政策来引导甚至强制上市公司分红，目的是让企业长期回报投资者成为主流行为，促使市场向成熟资本市场发展，最终让市场有效地发挥资源配置功能。那么，这些强制分红政策的实施给企业分红行为带来了怎样的影响？它是通过何种途径影响企业分红的？又该如何有效地将企业决策与政府监管结合起来实现合理分红？国内外学者对此进行了一些研究，如李常青等（2010）、安青松（2012）、陈云玲

（2014）、魏志华等（2014）、La Porta 等（1998）、Martins 和 Novaes（2012）等。大部分研究肯定了强制分红政策对于企业分红行为的作用，也有一些研究指出强制分红政策扭曲了企业的市场化行为，对企业有不利的影响。

强制分红政策是影响企业分红行为的外部因素；企业内部流动性状况是影响企业分红的内部因素，而财务弹性则是反映企业内部流动性的重要指标。已有大量研究表明财务弹性会影响企业的分红行为，如董理、茅宁（2013），Jagannathan 等（2000），Harry DeAngelo 和 Linda DeAngelo（2006），Bonaimé 等（2014）。此外，财务弹性也会影响强制分红政策对企业分红行为作用的发挥。首先，财务弹性的高低代表了企业的流动性情况，企业的流动性较高，分红行为就不会受到保持内部流动性的限制，更容易实现政策要求的分红水平；其次，一部分企业是为了达到强制分红政策要求的分红标准之后进行再融资，再融资结束后又会降低分红标准，而财务弹性较高的企业更容易进行再融资而不必为了达到再融资要求而短暂增加分红，其现金分红的增加更加稳定持久。

综上所述，企业的财务弹性安排会影响强制分红政策对于企业分红行为作用的发挥，而现有文献往往单独研究强制分红政策或者财务弹性对分红行为的影响。由此我们提出一个值得思考的问题：在考虑企业不同财务弹性的情况下，强制分红政策对企业分红行为的影响会发生怎样的变化呢？本章运用我国 A 股上市公司数据，实证检验了强制分红政策与财务弹性对企业分红行为的共同影响。同时，为了进一步增强研究结果的稳健性，本章进一步考察了具有财务弹性的企业在强制分红政策影响下的分红行为对于企业业绩的影响。研究结果表明：强制分红政策的出台提高了企业的分红意愿和分红水平，并且不同政策期的政策效果是不同的；与未保持财务弹性的企业相比，保持财务弹性的企业在强制分红政策的影响下，分红意愿和分红水平会显著提高，这种作用在强政策期更加显著。

本章的结构安排如下：第二节通过理论分析，提出研究假设；第三节介绍数据来源、模型设计与主要变量的描述性统计量；第四节是实证结果；第五节是稳健性检验；第六节是研究结论。

第二节　理论分析与研究假设

一、强制分红政策与分红行为

Shleifer 和 Vishny（1997）认为，公司治理的核心问题是如何保护投资者利益，确保投资者获得投资回报。在新兴市场国家，公司治理系统缺乏足够的效率，难以约束上市公司主动发放股利来回报投资者。因此，一些国家通过颁布强制性股利政策强制上市公司发放股利以保护投资者利益，如巴西、智利、乌拉圭、哥伦比亚、希腊等（La Porta 等，1998）。实施强制性股利政策的主要目的在于提供股东满意的股利支付水平以及保护股东的股利分配权（Kinkki，2008）。La Porta 等（1998）认为，实施强制性股利政策的国家与不实施该政策的国家相比，其上市公司具有更高的股利支付水平。Martins 和 Novaes（2012）认为强制性股利政策保护了少数股东获得现金股利的权利且没有影响企业投资计划的实施，这说明强制性股利政策是有效的。不过，Adaoglu（2008）研究发现，土耳其在 2003 年恢复强制性股利政策后，上市公司的股息率并没有显著提高，这表明强制性股利政策的效果并非是确定的。

中国自 2001 年开始推出一系列分红规定，上市公司的股利分配情况确有明显改善，派现公司占比和股利支付率已接近国外成熟市场的水平（安青松，2012；张跃文，2012）。国内有些学者开始探讨这些分红规定的合理性和实施效果（何涛和陈晓，2002；杨熠和沈艺峰，2004；李常青等，2010；王志强和张玮婷，2012；陈云玲，2014；魏志华等，2014）。其中，李长青等（2010）以 2008 年颁布的现金分红规定为研究背景，考察了强制分红政策实施时股票市场的反应，研究表明该政策可能迫使那些确有再融资需求但不宜分红的上市公司为获得再融资资格而分红，却难以约束那些理应分红但无再融资意愿的公司发放股利。王志强和张玮婷（2012）、魏志华等（2014）也得出了类似的结论。郭牧炫和魏诗博（2011）、李慧（2013）的研究发现，2008年的政策颁布后，有融资约束的公司显著增加了现金分红。陈云玲（2014）则发现强制分红政策出台后，上市公司在再融资前出现集中大幅派现的情况。这些研究表明，2008年及之前出台的强制分红政策对于改善中国上市公司分红状况有一定效果，但对保护投资者利益所起的作用还比较有限。

强制分红政策是一个循序渐进的过程，因此，对强制分红政策对企业分红行为影响的研究不能简单以是否受到政策影响来区分。魏志华等（2014）以2006年作为政策强弱的分界线的研究表明，政策强弱也会显著影响企业的分红行为。但并没有非常有效的证据表明，2006年是强制分红政策强弱的严格分界线。2008年、2011年、2013年出台的政策对企业分红的强制作用也在加强。由于2013年之后的数据较少，我们的研究将分别以2006年、2008年、2011年作为强制分红政策强弱的分界线进行分析，以提高结果的稳健性。

综上所述，企业在强制分红政策的影响下，现金分红意愿和分红水平会提高。随着政策的强制作用逐渐增强，企业分红行为会受到更加显著的影响。因此，我们提出：

假设1a：强制分红政策的出台提高了企业的分红意愿和分红水平；

假设1b：在强政策期，强制分红政策更显著地提高了企业的派现意愿和派现水平。

二、 强制分红政策、 财务弹性与分红行为

财务弹性是衡量企业内部流动性状况的指标，它反映了企业面对突发状况和投资机会时能够迅速反应并抓住投资机会的能力，同时代表了企业以低成本获得融资的能力（Gamba和Triantis，2008）。众多研究表明，财务弹性与股息发放有重要的关系（邓康林和刘明旭，2013；董理和茅宁，2013；Jagannathan等，2000；Harry DeAngelo和Linda DeAngelo，2006；Blau和Fuller，2008；

Bonaimé等，2014）。董理和茅宁（2013）的研究表明，公司的剩余负债能力能够影响企业的现金股利支付政策。Blau和Fuller（2008）的研究表明股息发放与保持财务弹性之间是权衡的关系：多发放股息能够带来股价上升的好处，但是财务弹性降低，可能无法抓住未来有利的投资机会或者未来需要资金时需要承担较高的成本；少发放股息可以保持财务弹性，使企业未来能够抓住好的投资机会，减少外部融资的摩擦和交易成本，但会使公司股价下跌。Bonaimé等（2014）的研究表明股息政策和风险管理都对财务弹性有重要影响；Jagannathan等（2000）认为企业会为了保持财务弹性选择股票回购而非分红。上述研究主要集中于以股息发放为因，以保持财务弹性为果。而事先保持财务弹性能够消除企业分红的"后顾之忧"，从而提高企业的分红水平和分红意愿。

然而，现有的这些研究只考察了企业内部财务弹性对分红的影响，而没有关注外部政策带来的影响。当受到政策冲击时，若企业缺乏财务弹性，可能没有流动性支持企业进行现金分红。而保持财务弹性的企业具有更强的获得和调用财务资源的能力，能够更好地应对政策冲击，更加稳定而持久地增加现金分红。因此，我们提出：

假设2a：财务弹性能够影响强制分红政策作用的发挥。与未保持财务弹性的企业相比，保持财务弹性的企业在强制分红政策的影响下分红意愿和分红水平显著提高。

假设2b：相比弱政策期，保持财务弹性的企业更能显著提升强政策期的政策效果。

第三节　实证研究设计

一、样本选择与数据来源

本章数据来源于锐思数据库（RESSET），对样本的筛选原则为：选取

1998—2015 年沪深 A 股上市公司，剔除金融类公司，剔除 ST 等被特殊处理的公司，剔除净资产小于 0 的公司，最终得到 1949 家公司共 23781 个数据。为了克服离群值的影响，对主要变量进行了头尾 1% 的缩尾处理。

二、　变量定义

（一）解释变量

强制分红政策变量。为了更加全面地揭示强制分红政策的实施效果，我们设置了政策有无（*Policydum*）、政策强弱（*Policystrong*、*Policyweak*）虚拟变量进行考察。为了保证结果的稳健性，政策强弱虚拟变量分别按照 2006 年、2008 年、2011 年进行划分。

财务弹性变量。目前财务弹性的测度方法主要有：现金指标，如 Faulkender 和 Wang（2006）、Harford 等（2008）；财务杠杆指标，如 Byoun（2011）；现金与财务杠杆指标的结合，如 Arslan 等（2014）。另外，有的文献以预测的现金水平与理论的水平进行比较来表示财务弹性（顾乃康等，2011）；还有的文献以实际与预测财务杠杆的偏离程度作为财务弹性的测度标准（Marchica 和 Mura，2010）。就目前来看，保守的财务杠杆策略和持有现金仍被认为是企业获得财务弹性的主要方式（Arslan 等，2014）。

因此，借鉴 Arslan 等（2014）、陈红兵和连玉君（2013）等的做法，本书也综合使用现金以及现金与财务杠杆相结合的方式来衡量财务弹性。具体而言，将高现金与低杠杆的企业设置为具有财务弹性企业（$FF = 1$），否则为无财务弹性企业（$FF = 0$）；并且分别使用现金年度中位数法、现金与财务杠杆年度中位数法、现金与财务杠杆行业中位数法来界定财务弹性，三种方法界定的财务弹性虚拟变量依次记为 $FF1$、$FF2$、$FF3$。

（二）因变量

现金股利政策。与已有研究（董理和茅宁，2013；陈云玲，2014；魏志华等，2014）一致，我们基于派现意愿（*Paydum*）和派现水平（*Payout*）这两个视角来考察上市公司现金股利政策，并且使用派现比例（DI）进行稳健性检验。

企业业绩变量。为了描述企业的发展状况，我们选取了盈利能力（Roa）作为企业业绩的度量变量。

（三）控制变量

基于已有研究，我们控制了公司规模（$Size$）、是否再融资（SEO）、盈利能力（Roa）、托宾 Q（$TobinQ$）、是否为成长性公司（$Indmt$）、公司成熟度（FM）。所有变量的定义与含义见表 4.1。

表 4.1　　　　　　　　变量名称、符号与描述

变量名称	变量符号	变量描述
派现意愿	$Paydum$	公司派现时，变量为 1，否则为 0
派现水平	$Payout$	每股现金股利
派现比例	DI	每股现金股利/每股净利润
强制分红政策	政策有无 $Policydum$	处于 2001 年之后时，$Policydum$ 取 1，否则为 0
	政策强弱 $Policystrong$ $Policyweak$	$Policystrong$：处于 2006 年（或 2008 年、或 2011 年）之后为 1，否则为 0；$Policyweak$：处于 2001—2005 年（或 2001—2007 年、或 2001—2010 年）为 1，否则为 0
财务弹性变量	FF	若样本公司为高现金持有或高现金持有且低财务杠杆，则该变量为 1，否则为 0；按照现金年度中位数法、现金与财务杠杆年度中位数、现金与财务杠杆行业中位数法进行划分，分别记为 $FF1$、$FF2$、$FF3$
公司规模	$Size$	总资产的自然对数
托宾 Q	$TobinQ$	公司市场价值/公司账面价值
盈利能力	Roa	净利润/总资产
是否再融资	SEO	若公司当年有再融资行为，变量为 1，否则为 0
股权集中度	$Hhi10$	前十大股东持股比例之和
是否为成长性公司	$Indmt$	若公司所处行业为成长性行业，变量为 1，否则为 0
公司成熟度	FM	保留盈余/所有者权益

三、 变量的描述性统计

从表4.2可以看到，自2000年以来，分红公司的比例明显提高，2004年新的分红政策出台后，分红公司的比例又明显高于前后年度，自2006年之后，分红公司的占比逐年提高，说明总体上强制分红政策具有一定的效果。另外，保持财务弹性的样本公司整体上在增加，但也有比上期减少的情况，可能是样本公司增加的缘故。

表4.2　　　　　　　　　　样本公司分红与财务弹性统计　　　　　　　单位：家

年份	样本公司数量	分红公司数量	分红公司占比	有弹性公司数量	有弹性公司比例
1998	687	216	0.314	354	0.515
1999	768	253	0.329	396	0.515
2000	884	591	0.669	459	0.519
2001	954	605	0.634	487	0.51
2002	1016	554	0.545	516	0.508
2003	1076	544	0.506	527	0.49
2004	1161	656	0.565	546	0.47
2005	1157	561	0.485	552	0.477
2006	1188	602	0.507	560	0.471
2007	1322	697	0.527	637	0.482
2008	1401	774	0.552	682	0.487
2009	1454	839	0.577	699	0.481
2010	1692	1054	0.623	824	0.487
2011	1841	1223	0.664	887	0.482
2012	1940	1416	0.730	954	0.492
2013	1947	1452	0.746	968	0.497
2014	1828	1289	0.705	930	0.509
2015	1828	1002	0.548	934	0.511

主要变量的描述性统计量见表 4.3。派现意愿（$Paydum$）的均值为 0.593，派现水平（$Payout$）的均值为 0.087，派现比例（DI）的均值为 0.24，财务弹性（$FF1$）的均值为 0.494，财务弹性（$FF2$）的均值为 0.424，财务弹性（$FF3$）的均值为 0.499，企业规模（$Size$）的均值为 21.618，托宾 Q（$TobinQ$）的均值为 1.945，盈利能力（Roa）的均值为 0.035，股权集中度（$Hhi10$）的均值为 0.21。其余变量及变量的其他统计结果见表 4.3。

表 4.3 　　　　　　　　　主要变量的描述性统计

变量	平均值	最小值	25%分位数	50%分位数	75%分位数	最大值	标准差
$Paydum$	0.593	0	0	1	1	1	0.491
$Payout$	0.087	0	0	0.04	0.12	0.68	0.127
DI	0.24	0	0	0.143	0.369	1.7	0.312
$FF1$	0.494	0	0	0	1	1	0.499
$FF2$	0.424	0	0	0	1	1	0.494
$FF3$	0.499	0	0	0	1	1	0.5
$Size$	21.618	19.006	20.771	21.476	22.299	25.276	1.217
$TobinQ$	1.945	0.188	0.812	1.444	2.473	11.185	1.731
Roa	0.035	-0.273	0.013	0.035	0.062	0.199	0.059
SEO	0.07	0	0	0	0	1	0.255
$Hhi10$	0.21	0.0001	0.079	0.171	0.303	0.850	0.156
$Indmt$	0.165	0	0	0	0	1	0.371
FM	0.126	-4.15	0.116	0.226	0.346	0.909	0.601

最后，我们分别按照政策前后与是否具有财务弹性分组，对主要变量进行了 T 检验，结果见表 4.4。表 4.4 的结果显示，在强制分红政策之后，企业派现意愿（$Paydum$）和派现水平（$Payout$）平均值都有显著提高。与未保持财务弹性的企业相比，保持财务弹性的企业派现意愿（$Paydum$）与派现水平（$Payout$）显著更高。T 检验的结果进一步说明了强制分红政策、财务弹性对于企业分红行为的影响。

表 4. 4 　　　　　　　　　　　　　　分组样本的 T 检验

变量	政策前	政策后	T	有弹性	无弹性	T
Paydum	0. 453	0. 608	− 14. 595**	0. 674	0. 533	− 22. 21**
Payout	0. 068	0. 0894	− 7. 900**	0. 112	0. 07	− 26. 71*
DI	0. 256	0. 238	2. 71	0. 297	0. 196	− 25. 09*
FF1	0. 501	0. 416	7. 84			
FF2	0. 517	0. 491	2. 36			
FF6	0. 646	0. 484	14. 97			
Size	20. 747	21. 711	− 37. 479*	21. 185	21. 937	49. 833**
TobinQ	2. 912	1. 841	28. 92***	2. 404	1. 605	− 36. 37**
Roa	0. 04	0. 036	3. 92**	0. 053	0. 022	− 42. 25**
SEO	0. 079	0. 069	1. 94	0. 072	0. 069	− 0. 92
*Hhi*10	0. 237	0. 204	9. 76***	0. 186	0. 223	17. 92**
Indmt	0. 169	0. 164	0. 570	0. 190	0. 146	− 9. 15***
FM	0. 044	0. 135	− 6. 92***	0. 211	0. 064	− 18. 88***

注：***、**、*分别表示1%、5%、10%的显著性水平，全书余同。

四、 模型构建

根据本章的研究目的，依据萱理和茅宁（2013）、魏志华等（2014）的研究，本章构建的回归模型如下：

$$\text{Log}_{it}(Paydum_{it}) = \alpha - \beta_1(Policy_{it}) + \beta_2(Control_{it}) + \varepsilon_{it} \qquad (4.1)$$

$$Tob_{it}(Payout_{it}) = \alpha - \beta_1(Policy_{it}) + \beta_2(Control_{it}) + \varepsilon_{it} \qquad (4.2)$$

$$\text{Log}_{it}(Paydum_{it}) = \alpha + \beta_1(Policy_{it} \times FF_{it}) + \beta_2(Policy_{it})$$
$$+ \beta_3(FF_{it}) + \beta_4(Control_{it}) + \varepsilon_{it} \qquad (4.3)$$

$$Tob_{it}(Payout_{it}) = \alpha + \beta_1(Policy_{it} \times FF_{it}) + \beta_2(Policy_{it})$$
$$+ \beta_3(FF_{it}) + \beta_4(Control_{it}) + \varepsilon_{it} \qquad (4.4)$$

我们使用模型（4.1）、（4.2）检验假设1。其中 $Policy_{it}$ 为政策变量，包括政策有无以及政策强弱期变量。若政策变量显著为正，说明政策的发布和政策的强弱对企业派现水平和派现意愿有正向的影响。其中，若强政策期相比弱政策期，变量的系数为较大的正向显著，说明强政策期的效果强于弱政策期。使用模型（4.3）、（4.4）检验假设2。交叉项为政策变量与财务弹性虚拟变量的乘积。若交叉项的系数显著为正，说明在政策影响下，财务弹性对派现水平和派现意愿的影响显著为正。为了进一步检验假设2，我们进行分组检验，将样本按照是否具有财务弹性分组，并基于模型（4.1）、（4.2）进行分组检验。由于解释变量的特殊性，我们分别使用Log_{it}、Tob_{it}模型进行实证分析。

第四节　实证结果及分析

一、　强制分红政策与分红行为

我们首先考察了强制分红政策的发布对企业派现水平和派现意愿的影响，根据模型（4.1）、（4.2），得出的实证研究结果见表4.5、表4.6。

表4.5　　　　　　　　　强制分红政策与分红行为（派现水平）

变量	派现水平			
	政策有无	政策强弱		
Policydum	0.00402* （1.78）			
Policystrong		−0.00770*** （−3.09）	−0.00580** （−2.26）	−0.00641** （−2.39）
Policyweak		0.0123*** （5.16）	0.00721*** （3.14）	0.00482** （2.13）
Size	0.00675*** （7.58）	0.0130*** （12.38）	0.0112*** （10.71）	0.0102*** （10.12）
TobinQ	0.00132*** （2.74）	0.00265*** （5.36）	0.00193*** （3.97）	0.00148*** （3.07）
Roa	0.576*** （43.96）	0.586*** （44.78）	0.580*** （44.33）	0.576*** （44.02）

续表

变量	派现水平			
	政策有无	政策强弱		
SEO	0.0309***	0.0313***	0.0306***	0.0302***
	(12.52)	(12.72)	(12.42)	(12.24)
Hhi10	0.00132	−0.0152**	−0.00439	0.00536
	(0.22)	(−2.50)	(−0.74)	(0.9)
FM	0.00129	0.000276	0.000659	0.000822
	(0.92)	(0.2)	(0.47)	(0.59)
Indmt	−0.00681	−0.00851*	−0.00822	−0.00815
	(−1.34)	(−1.68)	(−1.62)	(−1.6)
Constant	−0.0777***	−0.205***	−0.169***	−0.149***
	(−4.13)	(−9.33)	(−7.71)	(−7.03)
观察值	23781	23781	23781	23781
Rho	0.4267	0.4286	0.4281	0.4283
Wald chi2	2690.57	2834.27	2766.49	2752.31

表4.6   强制分红政策与分红行为（派现意愿）

变量	派现意愿			
	政策有无	政策强弱		
Policydum	0.296***			
	(3.17)			
Policystrong		−0.0717	0.146**	0.413***
		(−0.98)	(1.97)	(5.39)
Policyweak		0.573***	0.354***	0.280***
		(8.22)	(5.33)	(4.31)
Size	0.142***	0.302***	0.196***	0.114***
	(0.0256)	(10.21)	(−5.09)	(4.14)
TobinQ	−0.0955***	−0.0518***	−0.0847***	−0.0987***
	(0.0164)	(−3.05)	(−5.09)	(−6.02)
Roa	20.17***	20.26***	20.09***	20.35***
	(0.650)	(30.75)	(30.81)	(31.18)

续表

变量	派现意愿			
	政策有无	政策强弱		
SEO	0.431***	0.479***	0.441***	0.427***
	(0.0751)	(6.33)	(5.86)	(5.69)
*Hhi*10	0.488***	0.0199	0.410**	0.452***
	(0.164)	(0.12)	(2.48)	(2.75)
FM	3.877***	4.140***	3.974***	3.819***
	(0.144)	(27.19)	(26.82)	(26.35)
Indmt	0.181*	0.137	0.163*	0.193**
	(0.0947)	(1.41)	(1.71)	(2.04)
Constant	-4.183***	-7.479***	-5.302***	-3.590***
	(-14.02)	(-12.06)	(-8.8)	(-6.22)
观察值	23781	23781	23781	23781
Rho	0.3105	0.3287	0.3148	0.3096
Wald chi2	2434.16	2442.62	2424.04	2444.04

注：表4.5和表4.6分别根据模型（4.2）和（4.1）计算。括号内为变量的z值。

表4.5和表4.6的结果显示，强制分红政策的发布对派现水平和派现意愿的影响显著为正，表明强制分红政策的颁布将会导致企业派现水平和派现意愿的提高，这与陈云玲（2014）、魏志华等（2014）的研究一致。表4.5和表4.6的结果还显示，分别按照2006年、2008年、2011年划分政策强弱期时，强制分红政策的强政策期与弱政策期对派现水平和派现意愿的影响大多显著为正，表明强制分红政策的强弱期也会导致企业派现水平和派现意愿的提高，但并没有明显的证据显示强政策期的效果大于弱政策期。

从表4.5和表4.6可以看出，以2006年为界划分政策强弱期时，弱政策期的系数大于强政策期，这与魏志华等（2014）的研究一致。以2008年为界划分政策强弱期时，结果也是弱政策期的系数大于强政策期。但在以2011年为界划分政策强弱时，这种情况有所变化，对于派现意愿的结果来说，强政策期的系数已经大于弱政策期。虽然实证结果仍然不能支持假设1b，但至少表明政策效果在不同政策期内是不同的，并且在随着新的政策出台而发生变化。整体看来，表4.5、表4.6的结果表明我国强制分红政策的颁布具有较为显著的效果，强制分红政策的颁布在一定程度上解决了企业分红较少的问题。控制变量中企业规模（$Size$）、盈利能力（Roa）、托宾 Q（$TobinQ$）、股权集中度（$Hhi10$）、是否为成长性公司（$Indmt$）、公司成熟度（FM）、是否再融资（SEO）等变量都在一定程度上具有显著性，这与现有的研究结论一致。

二、 强制分红政策、 财务弹性与分红行为

在考虑企业财务弹性这一内部流动性状况的基础上，强制分红政策对于企业派现水平和派现意愿的影响又会发生怎样的变化呢？为此，我们使用政策变量与财务弹性的交叉项来检验其对派现水平和派现意愿的综合影响，$Policydum\_FF1$ 为政策有无与财务弹性虚拟变量的交叉项，$Policystrong\_FF1$ 为强政策期与财务弹性虚拟变量的交叉项，$Policyweak\_FF1$ 为弱政策期与财务弹性虚拟变量的交叉项，具体回归结果见表4.7和表4.8。从表4.7和表4.8可以看出，政策有无与财务弹性虚拟变量的交叉项结果都显著为正，说明对派现水平和派现意愿都有正向影响，意味着具有财务弹性的企业在强制分红政策的影响下会提升派现水平和派现意愿，这验证了假设2a。强政策期与财务弹性交叉项的结果显著大于弱政策期与财务弹性交叉项的结果，这说明在考虑财务弹性的影响下，强政策期的效果明显强于弱政策期，财务弹性对于强政策期效果具有增强作用，这验证了假设2b，说明财务弹性在强政策期能够起到更大的影响效应，并进一步提升政策效果。上述结果表明，强制分红政策对派现的影响受到企业内部流动性状况的影响，企业保持财务弹性对于"强制分红政策带来派现增加"的效应具有"加强"作用。企业保持财务弹性之后，管理层不再有保持流动性的压力，强制分红政策的效果更为显著。这也从另一个侧面说明，企业事先进行流动性管理有利于应对政策环境变化带来的压力。

表 4.7　　　　　　强制分红政策、财务弹性与分红行为（派现水平）

变量	派现水平		
	政策有无	政策强弱	
Policydum _ FF1	0.0292*** (6.97)		
Policystrong _ FF1		0.0336*** (7.76)	0.0373*** (8.45)	0.0317*** (6.92)
Policyweak _ FF1		0.0220*** (4.76)	0.0206*** (4.66)	0.0277*** (6.48)
Policydum	−0.0132*** (−4.21)		
Policystrong		−0.0277*** (−8.26)	−0.0280*** (−8.17)	−0.0260*** (−7.28)
Policyweak		−0.00135 (−0.41)	−0.00599* (−1.87)	−0.0116*** (−3.7)
FF1	−0.00599 (−1.48)	−0.00625 (−1.54)	−0.00625 (−1.54)	−0.00517 (−1.27)
Size	0.0104*** (11.15)	0.0172*** (15.8)	0.0159*** (14.52)	0.0145*** (13.69)
TobinQ	0.000783 (1.62)	0.00208*** (4.2)	0.00139*** (2.85)	0.000943* (1.95)
Roa	0.559*** (42.32)	0.571*** (43.26)	0.564*** (42.82)	0.558*** (42.33)
SEO	0.0295*** (11.96)	0.0298*** (12.12)	0.0294*** (11.92)	0.0290*** (11.72)
Hhi10	−0.00201 (−0.34)	−0.0184*** (−3.04)	−0.00751 (−1.27)	0.00232 (0.39)
FM	−0.00143 (−1.02)	−0.00272* (−1.93)	−0.00239* (−1.69)	−0.00206 (−1.46)
Indmt	−0.00856* (−1.73)	−0.0103** (−2.09)	−0.0100** (−2.03)	−0.0100** (−2.03)
Constant	−0.149*** (−7.5)	−0.287*** (−12.54)	−0.261*** (−11.33)	−0.233*** (−10.42)
观察值	23781	23781	23781	23781
Rho	0.4152	0.4154	0.4134	0.4154
Wald chi2	2889.08	3061.76	3017.06	2966.77

表 4.8　　　　强制分红政策、财务弹性与分红行为（派现意愿）

变量	派现意愿			
	政策有无	政策强弱		
Policydum _ FF1	0.760***			
	(6.41)			
Policystrong _ FF1		0.751***	0.775***	0.859***
		(6.05)	(6.15)	(6.52)
Policyweak _ FF1		0.853***	0.758***	0.710***
		(6.36)	(5.97)	(5.82)
Policydum	−0.198**			
	(−2.15)			
Policystrong		−0.572***	−0.381***	−0.166
		(−5.69)	(−3.75)	(−1.59)
Policyweak		0.0485	−0.130	−0.187**
		(0.49)	(−1.37)	(−2.02)
FF1	−0.0988	−0.0907	−0.0894	−0.113
	(−0.87)	(−0.79)	(−0.78)	(−0.99)
Size	0.248***	0.414***	0.314***	0.231***
	(9.21)	(13.31)	(10.35)	(7.97)
TobinQ	−0.118***	−0.0725***	−0.106***	−0.120***
	(−7.14)	(−4.24)	(−6.31)	(−7.28)
Roa	19.34***	19.40***	19.21***	19.46***
	(29.57)	(29.22)	(29.24)	(29.58)
SEO	0.385***	0.435***	0.396***	0.393***
	(5.11)	(5.73)	(5.24)	(5.21)
Hhi10	0.373**	−0.115	0.282*	0.355**
	(2.28)	(−0.67)	(1.71)	(2.16)
FM	3.797***	4.070***	3.908***	3.756***
	(26.12)	(26.54)	(26.17)	(25.71)
Indmt	0.138	0.0921	0.117	0.149
	(1.48)	(0.95)	(1.24)	(1.60)
Constant	−6.204***	−9.631***	−7.565***	−5.852***
	(−10.9)	(−14.75)	(−11.86)	(−9.56)
观察值	23781	23781	23781	23781
Rho	0.3016	0.3196	0.3060	0.3008
Wald chi2	2544.11	2552.06	2533.36	2550.32

注：表 4.7 和表 4.8 分别根据模型（4.4）和（4.3）计算。括号内为变量的 z 值。

第五节 稳健性检验

一、 改变财务弹性指标度量

财务弹性的度量方法较多，接下来我们采用年度中位数的方法度量财务弹性，若企业财务杠杆低于年度中位数，且现金高于年度中位数，则为有弹性企业（$FF2 = 1$），否则为无财务弹性企业（$FF2 = 0$），结果如表4.9、表4.10所示。另外，我们使用行业中位数法度量财务弹性，具体来说，若企业财务杠杆低于行业中位数，且现金高于行业中位数，则为有弹性企业（$FF3 = 1$），否则为无弹性企业（$FF3 = 0$）。结果如表4.11、表4.12所示。

从表4.9、表4.10以及表4.11、表4.12的结果可以看出，对于企业派现水平和派现意愿，政策有无与财务弹性的交叉项的结果都显著为正，说明受到强制分红政策的影响后，保持财务弹性的企业派现意愿和派现水平会显著提高。政策强弱与财务弹性的交叉项结果都显著为正，并且强政策期与财务弹性交叉项结果大多大于弱政策期与财务弹性交叉项的结果，说明在考虑财务弹性的影响下，强政策期的效果明显强于弱政策期，财务弹性对于强政策期效果具有增强作用。因此，改变财务弹性指标的度量方法并不会影响本章的主要结论。

表4.9 　　　　　　强制分红政策、财务弹性与派现水平

（采用年度中位数法划分财务弹性）

变量	派现水平			
	政策有无	政策强弱		
Policydum _ FF2	0.0367*** （8.83）			
Policystrong _ FF2		0.0438*** （10.18）	0.0493*** （11.25）	0.0515*** （11.10）

续表

变量	派现水平			
	政策有无	政策强弱		
Policyweak _ FF2		0.0223***	0.0220***	0.0289***
		(4.85)	(5.00)	(6.80)
Policydum	−0.0153***			
	(−5.04)			
Policystrong		−0.0292***	−0.0291***	−0.0272***
		(−9.05)	(−8.85)	(−8.06)
Policyweak		−0.000431	−0.00485	−0.00991***
		(−0.13)	(−1.54)	(−3.21)
FF2	−0.00352	−0.00523	−0.00569	−0.00537
	(−0.88)	(−1.3)	(−1.42)	(−1.34)
Size	0.0134***	0.0196***	0.0182***	0.0163***
	(14.21)	(18.02)	(16.74)	(15.62)
TobinQ	0.00172***	0.00301***	0.00254***	0.00233***
	(3.60)	(6.12)	(5.25)	(4.84)
Roa	0.539***	0.552***	0.544***	0.538***
	(40.89)	(41.87)	(41.33)	(40.86)
SEO	0.0291***	0.0295***	0.0295***	0.0308***
	(11.87)	(12.06)	(12.04)	(12.5)
Hhi10	0.0250***	0.0161***	0.0305***	0.0387***
	(4.20)	(2.58)	(5.00)	(6.3)
FM	−0.00214	−0.00317**	−0.00264*	−0.00218
	(−1.53)	(−2.27)	(−1.89)	(−1.56)
Indmt	−0.0104**	−0.0119**	−0.0116**	−0.0112**
	(−2.11)	(−2.42)	(−2.37)	(−2.27)
Constant	−0.221***	−0.347***	−0.321***	−0.283***
	(−10.9)	(−15.1)	(−13.93)	(−12.76)
观察值	23781	23781	23781	23781
Rho	0.4150	0.4163	0.4143	0.4135
Wald chi2	3139.4	3325.95	3309.88	3244.20

表4.10　　　　　　强制分红政策、财务弹性与派现意愿

（采用年度中位数法划分财务弹性）

变量	派现意愿			
	政策有无	政策强弱		
Policydum _ FF2	0.835***			
	(7.03)			
Policystrong _ FF2		0.830***	0.904***	1.217***
		(6.66)	(7.13)	(8.87)
Policyweak _ FF2		0.824***	0.745***	0.724***
		(6.16)	(5.88)	(5.95)
Policydum	−0.177**			
	(−1.98)			
Policystrong		−0.524***	−0.330***	−0.115
		(−5.39)	(−3.38)	(−1.17)
Policyweak		0.0988	−0.0814	−0.138
		(1.01)	(−0.87)	(−1.52)
FF2	−0.142	−0.153	−0.152	−0.180
	(−1.26)	(−1.34)	(−1.34)	(−1.59)
Size	0.270***	0.420***	0.320***	0.241***
	(9.86)	(13.40)	(10.52)	(8.34)
TobinQ	−0.0847***	−0.0428**	−0.0739***	−0.0792***
	(−5.16)	(−2.51)	(−4.42)	(−4.79)
Roa	18.78***	18.90***	18.66***	18.78***
	(28.52)	(28.28)	(28.22)	(28.4)
SEO	0.414***	0.459***	0.426***	0.449***
	(5.47)	(6.02)	(5.62)	(5.91)
*Hhi*10	0.794***	0.358**	0.778***	0.919***
	(4.82)	(2.07)	(4.63)	(5.46)
FM	3.889***	4.149***	3.979***	3.817***
	(26.52)	(26.87)	(26.46)	(25.94)
Indmt	0.123	0.0843	0.110	0.145
	(1.31)	(0.87)	(1.16)	(1.54)
Constant	−6.808***	−9.896***	−7.841***	−6.248***
	(−11.68)	(−14.96)	(−12.20)	(−10.18)
观察值	23781	23781	23781	23781
Rho	0.3061	0.3241	0.3099	0.3042
*Wald chi*2	2558.65	2552.32	2546.26	2591.21

表4.11　　　　　强制分红政策、财务弹性与派现意愿

（采用行业中位数法划分财务弹性）

变量	派现意愿			
	政策有无	政策强弱		
Policydum _ FF3	0.828*** (6.55)			
Policystrong _ FF3		0.797*** (6.06)	0.825*** (6.20)	0.854*** (6.17)
Policyweak _ FF3		0.904*** (6.42)	0.847*** (6.32)	0.813*** (6.28)
Policydum	−0.264** (−2.48)			
Policystrong		−0.610*** (−5.35)	−0.441*** (−3.83)	−0.207* (−1.76)
Policyweak		−0.0217 (−0.19)	−0.203* (−1.87)	−0.266** (−2.49)
FF3	−0.193 (−1.59)	−0.193 (−1.57)	−0.181 (−1.48)	−0.202* (−1.66)
Size	0.240*** (8.94)	0.395*** (12.83)	0.306*** (10.13)	0.223*** (7.68)
TobinQ	−0.118*** (−7.13)	−0.0735*** (−4.30)	−0.105*** (−6.28)	−0.119*** (−7.22)
Roa	19.43*** (29.70)	19.53*** (29.41)	19.30*** (29.34)	19.54*** (29.68)
SEO	0.390*** (5.17)	0.440*** (5.79)	0.400*** (5.30)	0.390*** (5.16)
Hhi10	0.354** (2.16)	−0.109 (−0.64)	0.258 (1.56)	0.335** (2.04)
FM	3.836*** (26.30)	4.103*** (26.69)	3.953*** (26.34)	3.801*** (25.96)
Indmt	0.186** (1.98)	0.143 (5.79)	0.165* (1.75)	0.193** (2.06)
Constant	−5.960*** (−10.44)	−9.165*** (−14.10)	−7.337*** (−11.48)	−5.601*** (−9.09)
观察值	23781	23781	23781	23781
Rho	0.3040	0.3217	0.3089	0.3034
Wald chi2	2530.36	2535.36	2519.69	2534.96

表 4.12　　　　　强制分红政策、财务弹性与派现水平

（采用行业中位数法划分财务弹性）

变量	派现水平			
	政策有无	政策强弱		
Policydum _ FF3	0.0289***			
	(6.61)			
Policystrong _ FF3		0.0334***	0.0361***	0.0329***
		(7.42)	(7.89)	(6.92)
Policyweak _ FF3		0.0198***	0.0212***	0.0267***
		(4.14)	(4.60)	(5.99)
Policydum	−0.0141***			
	(−3.95)			
Policystrong		−0.0280***	−0.0285***	−0.0281***
		(−7.47)	(−7.44)	(−7.11)
Policyweak		−0.00155	−0.00725**	−0.0122***
		(−0.41)	(−2.00)	(−3.40)
FF3	−0.00796*	−0.00852**	−0.00782*	−0.00669
	(−1.88)	(−2.01)	(−1.84)	(−1.57)
Size	0.0100***	0.0163***	0.0154***	0.0144***
	(10.73)	(15.12)	(14.07)	(13.57)
TobinQ	0.000785	0.00207***	0.00142***	0.000951**
	(1.63)	(4.17)	(2.91)	(1.97)
Roa	0.562***	0.574***	0.566***	0.561***
	(42.58)	(43.51)	(42.99)	(42.55)
SEO	0.0296***	0.0299***	0.0293***	0.0292***
	(12.01)	(12.14)	(11.88)	(11.79)
Hhi10	−0.00281	−0.0186***	−0.00861	0.00154
	(−0.48)	(−3.07)	(−1.45)	(0.26)
FM	−0.00129	−0.00235*	−0.00217	−0.00204
	(−0.91)	(−1.66)	(−1.54)	(−1.44)
Indmt	−0.00692	−0.00846*	−0.00824*	−0.00834*
	(−1.39)	(−1.71)	(−1.66)	(−1.68)
Constant	−0.138***	−0.267***	−0.248***	−0.230***
	(−6.91)	(−11.68)	(−10.73)	(−10.17)
观察值	23781	23781	23781	23781
Rho	0.4172	0.4173	0.4155	0.4170
Wald chi2	2863.15	3028.66	2987.02	2951.87

注：表 4.9 根据模型（4.4）计算，表 4.10 根据模型（4.3）计算，表 4.11 根据模型（4.3）计算，表 4.12 根据模型（4.4）计算。括号内为变量的 z 值。

二、 分组检验

为了进一步考察强制分红政策与财务弹性对企业派现水平和派现意愿的影响，我们按照企业是否具有财务弹性进行分组检验，结果见表4.13、表4.14和表4.15、表4.16。

从表中的结果可以看出，保持财务弹性的企业在强制分红政策的影响下会显著地提高派现水平和派现意愿；而对于未保持财务弹性的企业，强制分红政策的效果不再显著，甚至出现相反的结果。并且，在有弹性的企业中，以2011年划分政策强弱期的强政策期效果明显大于弱政策期。这从一个侧面说明，保持财务弹性的企业在面临政策压力时能更好地作出反应、应对政策冲击。这一结果进一步验证了假设2，说明分组检验不会改变本章的主要结论。

表4.13　　　　　强制分红政策、财务弹性与派现意愿（有弹性组）

变量	政策有无	政策强弱		
Policydum	0.0152***			
	(4.27)			
Policystrong		0.00314	0.00900**	0.00363
		(0.8)	(2.23)	(0.86)
Policyweak		0.0234***	0.0173***	0.0162***
		(6.28)	(4.79)	(4.56)
Size	0.0122***	0.0178***	0.0146***	0.0157***
	(7.28)	(9.65)	(7.98)	(8.69)
TobinQ	−0.000894	0.000271	−0.000596	−0.000831
	(−1.38)	(0.41)	(−0.91)	(−1.29)
Roa	0.804***	0.804***	0.802***	0.797***
	(35.03)	(35.12)	(34.98)	(34.71)
SEO	0.0500***	0.0507***	0.0499***	0.0482***
	(14.74)	(14.99)	(14.70)	(14.17)
Hhi10	−0.0142	−0.0316***	−0.0179*	−0.0101
	(−1.53)	(−3.29)	(−1.92)	(−1.08)

续表

变量	政策有无	政策强弱		
FM	0.0150***	0.0161***	0.0156***	0.0161***
	(3.17)	(3.40)	(3.29)	(3.40)
Indmt	−0.0116*	−0.0139**	−0.0127**	−0.0136**
	(−1.95)	(−2.35)	(−2.15)	(−2.29)
Constant	−0.202***	−0.312***	−0.250***	−0.272***
	(−5.83)	(−8.28)	(−6.65)	(−7.33)
观察值	11779	11779	11779	11779
rho	0.4192	0.4209	0.4197	0.4205
Wald chi2	1858.76	1924.26	1873.47	1893.93

表4.14   强制分红政策、财务弹性与派现意愿（无弹性组）

变量	政策有无	政策强弱		
Policydum	−0.00891***			
	(−3.09)			
Policystrong		−0.0207***	−0.0232***	−0.0182***
		(−6.53)	(−7.13)	(−5.41)
Policyweak		−0.00039	−0.00395	−0.00785***
		(−0.13)	(−1.35)	(−2.71)
Size	0.0140***	0.0199***	0.0202***	0.0169***
	(13.21)	(16.09)	(16.36)	(14.28)
TobinQ	0.00398***	0.00561***	0.00511***	0.00423***
	(5.27)	(7.25)	(6.71)	(5.60)
Roa	0.380***	0.393***	0.387***	0.381***
	(24.64)	(25.49)	(25.17)	(24.70)
SEO	−0.00522	−0.00463	−0.00494	−0.00386
	(−1.44)	(−1.28)	(−1.37)	(−1.06)
Hhi10	0.0298***	0.0163**	0.0228***	0.0324***
	(4.21)	(2.25)	(3.21)	(4.56)
FM	0.00252*	0.00134	0.00138	0.00197
	(1.82)	(0.96)	(1.00)	(1.42)
Indmt	−0.00242	−0.00323	−0.00343	−0.00296
	(−0.52)	(−0.69)	(−0.74)	(−0.63)

续表

变量	政策有无	政策强弱		
Constant	-0.252*** (-11.04)	-0.373*** (-14.20)	-0.380*** (-14.46)	-0.313*** (-12.34)
观察值	12002	12002	12002	12002
rho	0.3309	0.3291	0.3285	0.3283
Wald chi2	1150.96	1252.90	1265.28	1191.46

表 4.15　　强制分红政策、财务弹性与派现水平（有弹性组）

变量	政策有无	政策强弱		
Policydum	0.626*** (6.79)			
Policystrong		0.251** (2.40)	0.502*** (4.77)	0.804*** (7.30)
Policyweak		0.932*** (9.26)	0.680*** (7.15)	0.598*** (6.46)
Size	0.234*** (5.18)	0.390*** (7.77)	0.275*** (5.68)	0.193*** (4.09)
TobinQ	-0.144*** (-7.34)	-0.104*** (-5.10)	-0.136*** (-6.82)	-0.148*** (-7.55)
Roa	18.24*** (21.29)	18.20*** (20.97)	18.14*** (21.09)	18.50*** (21.47)
SEO	0.686*** (6.57)	0.744*** (7.07)	0.693*** (6.62)	0.699*** (6.70)
Hhi10	0.707*** (2.86)	0.174 (0.67)	0.633** (2.53)	0.661*** (2.67)
FM	3.230*** (14.34)	3.528*** (14.82)	3.321*** (14.38)	3.135*** (13.93)
Indmt	0.127 (1.05)	0.0610 (0.49)	0.106 (0.87)	0.154 (1.27)
Constant	-5.874*** (-6.31)	-9.012*** (-8.77)	-6.703*** (-6.73)	-5.024*** (-5.18)
观察值	11779	11779	11779	11779
rho	0.3537	0.3706	0.3573	0.3514
Wald chi2	1064.29	1077.42	1060.71	1074.36

表 4.16　　　　　强制分红政策、财务弹性与派现水平（无弹性组）

变量	政策有无	政策强弱		
Policydum	− 0.0960			
	（− 0.96）			
Policystrong		− 0.472***	− 0.294***	− 0.0811
		（− 4.23）	（− 2.60）	（− 0.69）
Policyweak		0.184*	− 0.0247	− 0.0977
		（1.74）	（− 0.24）	（− 0.98）
Size	0.355***	0.518***	0.425***	0.351***
	（9.89）	（12.27）	（10.43）	（9.11）
TobinQ	− 0.0660**	− 0.00806	− 0.0506	− 0.0662**
	（− 1.96）	（− 0.23）	（− 1.49）	（− 1.97）
Roa	23.32***	23.42***	23.13***	23.35***
	（21.12）	（20.86）	（20.84）	（21.00）
SEO	− 0.0775	− 0.0445	− 0.0641	− 0.0805
	（− 0.66）	（− 0.37）	（− 0.54）	（− 0.68）
Hhi10	0.439*	0.0606	0.360	0.436*
	（1.93）	（0.26）	（1.57）	（1.91）
FM	4.349***	4.594***	4.458***	4.342***
	（21.49）	（21.62）	（21.48）	（21.27）
Indmt	0.238*	0.221*	0.228*	0.239*
	（1.90）	（1.72）	（1.81）	（1.90）
Constant	− 9.051***	− 12.49***	− 10.53***	− 8.978***
	（− 11.74）	（− 13.83）	（− 12.07）	（− 10.87）
观察值	12002	12002	12002	12002
rho	0.3143	0.3304	0.3171	0.3144
Wald chi2	1405.68	1381.48	1394.21	1406.11

注：表 4.13 和表 4.14 根据模型（4.3）计算，表 4.15 和表 4.16 根据模型（4.4）计算。括号内为变量的 z 值。

三、 内生性检验

为了增强结果的稳健性，使用滞后一期的财务弹性变量进行检验，结果见表 4.17、表 4.18。

从表 4.17、表 4.18 的结果可以看出，对于企业派现水平，政策有无与财务弹性的交叉项的结果显著为正，说明受到强制分红政策的影响后，保持财务弹性的企业能够更加显著地提高派现水平。政策强弱与财务弹性的交叉项结果都显著为正，并且强政策期与财务弹性交叉项结果大多大于弱政策期与财务弹性交叉项的结果，说明在考虑财务弹性的影响下，强政策期的效果明显强于弱政策期，财务弹性对于强政策期效果具有增强作用。对于企业的派现意愿来说，政策有无与财务弹性的交叉项的结果显著为正，政策强弱与财务弹性的交叉项结果也都显著为正，虽然强政策期与财务弹性交叉项结果没有大于弱政策期与财务弹性交叉项的结果，但结果在发生改变，当以 2011 年为划分政策强弱的标准时，强政策期与财务弹性交叉项结果大于弱政策期与财务弹性的交叉项，说明在考虑财务弹性的影响下，强政策期的效果明显强于弱政策期，财务弹性对于强政策期效果具有增强作用。因此，使用滞后一期的财务弹性变量并不会改变本章的主要结论。

表 4.17　　　　　强制分红政策、财务弹性与派现水平

（使用滞后一期的财务弹性变量）

变量	派现水平		
	政策有无	政策强弱	
$Policydum\_lag\_FF1$	0.0155***		
	(3.16)		
$Policystrong\_lag\_FF1$		0.0185***	0.0204***	0.0193***
		(3.68)	(4.01)	(3.68)
$Policyweak\_lag\_FF1$		0.0103*	0.0101**	0.0135***
		(1.95)	(1.99)	(2.71)

续表

变量	派现水平			
	政策有无	政策强弱		
Policydum	− 0.0101***			
	(− 2.80)			
Policystrong		− 0.0220***	− 0.0221***	− 0.0158***
		(− 5.81)	(− 5.72)	(− 3.98)
Policyweak		0.000425	− 0.00418	− 0.00885**
		(0.11)	(− 1.13)	(− 2.43)
*lag _ FF*1	0.0106**	0.0104**	0.0104**	0.0104**
	(2.21)	(2.18)	(2.17)	(2.18)
Size	0.0165***	0.0226***	0.0213***	0.0179***
	(17.42)	(20.52)	(19.36)	(16.93)
TobinQ	0.00107**	0.00233***	0.00171***	0.00115**
	(2.20)	(4.66)	(3.48)	(2.37)
Roa	0.578***	0.588***	0.583***	0.578***
	(43.09)	(43.89)	(43.53)	(43.12)
SEO	− 0.0291***	− 0.0291***	− 0.0287***	− 0.0280***
	(− 8.34)	(− 8.38)	(− 8.24)	(− 8.00)
*Hhi*10	0.0249***	0.0101*	0.0196***	0.0262***
	(4.22)	(1.67)	(3.3)	(4.43)
FM	− 0.00570***	− 0.00677***	− 0.00651***	− 0.00588***
	(− 3.88)	(− 4.60)	(− 4.42)	(− 3.99)
Indmt	− 0.00876*	− 0.0103**	− 0.0102**	− 0.00918*
	(− 1.84)	(− 2.17)	(− 2.14)	(− 1.93)
Constant	− 0.294***	− 0.419***	− 0.394***	− 0.324***
	(− 14.43)	(− 17.90)	(− 16.80)	(− 14.32)
观察值	21599	21599	21599	21599
Rho	0.4151	0.4152	0.4141	0.4141
*Wald chi*2	2906.38	3054.60	3009.43	2924.90

表 4.18　　　　　　　强制分红攻策、财务弹性与派现意愿
（使用滞后一期的财务弹性变量）

变量	派现意愿			
	政策有无	政策强弱		
$Policydum\_lag\_FF1$	0.375**			
	(2.51)			
$Policystrong\_lag\_FF1$		0.363**	0.355**	0.451***
		(2.35)	(2.28)	(2.81)
$Policyweak\_lag\_FF1$		0.433***	0.401**	0.333**
		(2.66)	(2.56)	(2.19)
$Policydum$	−0.304***			
	(−2.69)			
$Policystrong$		−0.602***	−0.392***	−0.130
		(−5.01)	(−3.23)	(−1.05)
$Policyweak$		−0.0771	−0.271**	−0.324***
		(−0.64)	(−2.33)	(−2.84)
lag_FF1	0.215	0.222	0.221	0.200
	(1.48)	(1.52)	(1.53)	(1.38)
$Size$	0.290***	0.430***	0.326***	0.241***
	(10.02)	(12.97)	(10.14)	(7.84)
$TobinQ$	−0.134***	−0.0932***	−0.125***	−0.141***
	(−7.59)	(−5.10)	(−6.98)	(−8.00)
Roa	20.74***	20.76***	20.66***	21.08***
	(29.40)	(29.10)	(29.21)	(29.71)
SEO	−0.183*	−0.164	−0.173	−0.243**
	(−1.71)	(−1.52)	(−1.61)	(−2.25)
$Hhi10$	0.586***	0.175	0.528***	0.541***
	(3.38)	(0.97)	(3.02)	(3.11)
FM	3.956***	4.200***	4.029***	3.840***
	(25.38)	(25.75)	(25.30)	(24.67)
$Indmt$	0.148	0.109	0.135	0.172*
	(1.54)	(1.10)	(1.40)	(1.78)

续表

变量	派现意愿			
	政策有无	政策强弱		
Constant	− 7. 123*** (− 11. 50)	− 10. 03*** (− 14. 25)	− 7. 881*** (− 11. 51)	− 6. 091*** (− 9. 29)
观察值	21599	21599	21599	21599
Rho	0. 3036	0. 3188	0. 3061	0. 3024
Wald chi2	2421. 66	2403. 48	2411. 01	2447. 77

注：表 4. 17 和表 4. 18 分别根据模型 （4. 4） 和 （4. 3） 计算，将其中的财务弹性变量改为滞后一期的变量。括号内为变量的 z 值。

四、 改变分红度量指标

借鉴董理和茅宁 （2013） 以及魏志华等 （2014） 的研究，我们使用派现比例 （DI） 作为衡量企业分红的变量进行检验，结果见表 4. 19。从表 4. 19 可以看出，对于企业派现比例，政策有无与财务弹性的交叉项的结果显著为正，说明受到强制分红政策的影响后，保持财务弹性的企业能够更加显著地增加派现。政策强弱与财务弹性的交叉项结果都显著为正。因此，这并不会改变本章的主要结论。

表 4. 19　　　　强制分红政策、财务弹性与分红水平 （使用派现比例）

变量	政策有无	政策强弱		
Policydum _ FF1	0. 0659*** (5. 25)			
Policystrong _ FF1		0. 0535*** (4. 15)	0. 0565*** (4. 30)	0. 0573*** (4. 20)
Policyweak _ FF1		0. 0950*** (6. 84)	0. 0786*** (5. 90)	0. 0708*** (5. 5)
Policydum	− 0. 0682*** (− 7. 31)			
Policystrong		− 0. 103*** (− 10. 44)	− 0. 0926*** (− 9. 21)	− 0. 0741*** (− 7. 09)

续表

变量	政策有无	政策强弱		
Policyweak		−0.0413***	−0.0587***	−0.0683***
		(−4.13)	(−6.08)	(−7.25)
FF1	0.0139	0.0167	0.0169	0.0154
	(1.14)	(1.38)	(1.39)	(1.27)
Size	−0.0167***	0.00351	−0.00458	−0.0139***
	(−6.50)	(1.22)	(−1.59)	(−4.94)
TobinQ	−0.0114***	−0.00560***	−0.00906***	−0.0112***
	(−8.03)	(−3.86)	(−6.32)	(−7.87)
Roa	0.306***	0.330***	0.311***	0.304***
	(7.85)	(8.52)	(8.00)	(7.79)
SEO	0.0182**	0.0230***	0.0191***	0.0171**
	(2.47)	(3.14)	(2.59)	(2.31)
Hhi10	0.152***	0.0944***	0.136***	0.156***
	(9.41)	(5.70)	(8.36)	(9.62)
FM	0.0384***	0.0365***	0.0375***	0.0382***
	(9.37)	(8.94)	(9.17)	(9.33)
Indmt	0.00875	0.00252	0.00436	0.00729
	(0.90)	(0.26)	(0.45)	(0.75)
Constant	0.606***	0.191***	0.357***	0.548***
	(11.08)	(3.15)	(5.86)	(9.17)
观察值	23781	23781	23781	23781
Rho	0.1933	0.1968	0.1938	0.1930
Wald chi2	883.35	1159.18	984.50	893.89

注：表 4.19 根据模型（4.1）和（4.3）计算，将其中的解释变量改为派现比例（DI）。括号内为变量的 z 值。

五、 强制分红政策、 财务弹性、 分红行为与企业业绩

根据前面的分析，我们已经证明了强制分红政策和财务弹性对企业分红行为的影响效应，但如果能提供更多的证据说明财务弹性对企业分红行为的作用机理以及政策效果的话，就更能支持前面的结论。为此，我们将进行以下分

析：企业的业绩是否受到强制分红政策、财务弹性以及两者带来的分红行为的影响。如果保持财务弹性能够较好地应对强制分红政策带来的影响，那么必然会对企业的业绩产生影响。因此，有必要对强制分红政策和财务弹性导致的分红行为对企业业绩的影响进行进一步的检验，结果见表4.20。

从表4.20可以看出，$Payout \times Policydum \times FF$、$Paydum \times Policydum \times FF$对企业业绩（$Roa$）的影响显著为正，说明在强制分红政策与财务弹性共同影响下带来的分红行为能够提高企业业绩；而且，$Payout \times Policystrong \times FF$、$Paydum \times Policystrong \times FF$对业绩的影响也显著为正，表明强政策期与财务弹性共同影响所带来的分红行为能够对企业业绩产生正向影响。因此，上述结果说明，因强制分红政策尤其是逐渐增强的分红政策和财务弹性导致的分红行为能够带来企业业绩的提高，这进一步表明企业流动性管理的重要性。

表4.20　　强制分红政策、财务弹性、分红行为与企业业绩

变量	Roa		Roa	
	（1）	（2）	（3）	（4）
$Payout \times Policydum \times FF$	0.00849***		0.0272***	
	(6.20)		(4.85)	
$Policydum$	−0.00811***		−0.00622***	
	(−5.76)		(−4.56)	
$Pay \times Policystrong \times FF$		0.00781***		0.0212***
		(5.49)		(3.72)
$Pay \times Policyweak \times FF$		0.0132***		0.0555***
		(7.21)		(6.41)
$Policystrong$		−0.000912		0.00104
		(−0.62)		(0.74)
$Policyweak$		−0.0172***		−0.0150***
		(−11.27)		(−10.27)
Pay	0.00816***	0.00877***	0.0588***	0.0620***
	(8.06)	(8.70)	(12.40)	(13.15)

续表

变量	Roa		Roa	
	（1）	（2）	（3）	（4）
FF	0.00253**	0.00101	0.00452***	0.00322***
	（2.19）	（0.88）	（4.84）	（3.45）
lag _ TobinQ	0.00388***	0.00374***	0.00344***	0.00334***
	（14.52）	（14.07）	（12.97）	（12.64）
Size	0.00393***	0.00112**	0.00322***	0.000492
	（9.35）	（2.49）	（7.72）	（1.11）
Roa	0.410***	0.401***	0.385***	0.376***
	（57.11）	（56.05）	（53.02）	（51.98）
Hhi10	0.00142	0.0110***	0.000338	0.00968***
	（0.53）	（4.03）	（0.13）	（3.60）
Indmt	0.00152	0.00221*	0.00264**	0.00326***
	（1.20）	（1.74）	（2.11）	（2.61）
FM	− 0.00969***	− 0.00917***	− 0.00866***	− 0.00807***
	（− 13.23）	（− 12.57）	（− 12.06）	（− 11.29）
Constant	− 0.0739***	− 0.0179*	− 0.0587***	− 0.00463
	（− 8.23）	（− 1.88）	（− 6.58）	（− 0.49）
观察值	21678	21678	21678	21678
Rho	0.0868	0.8936	0.0848	0.8688
Wald chi2	6518.15	6854.47	7006.16	7364.50

注：模型（1）、（2）中的自变量 Pay 表示派现意愿（Paydum），（3）、（4）中的自变量 Pay 表示派现水平（Payout）。

第六节　本章结论

中国证监会一系列强制分红政策的出台，总的来看提高了企业的派现意愿和派现水平，同时提供了一次检验企业保持财务弹性如何增强企业抵御外部政策冲击能力的机会。因此，本章重点研究了强制分红政策的颁布对于是否保持财务弹性企业的分红行为的影响，同时还考察了强制分红政策与财务弹性对分红行为的影响是否有利于提升企业业绩。

本章的实证结果表明，强制分红政策显著提高了企业的派现意愿和派现水平。与未保持财务弹性的企业相比，保持财务弹性的企业在强制分红政策的影响下能够更加显著地提高派现意愿和派现水平，并且这种作用在强政策期表现更为明显，这可能是由于保持财务弹性的企业不再面临流动性压力，从而更容易满足强制分红政策的要求。同时，保持财务弹性的企业因强制分红政策影响带来的分红将会引起企业业绩的提升，这说明企业保持一定的财务弹性有利于增强企业应对政策冲击的能力，有效地调整其分红行为，并且有助于提升企业业绩。

本章的研究结论对于企业财务管理实践具有一定的指导意义。企业的经营环境面临的不确定性正日益增强，复杂多样的不确定性可能给企业带来负面冲击，也可能给企业带来有价值的投资机遇。因此，企业应当将财务弹性作为财务决策的重要考虑因素，才能更好地应对外部环境的变化和自身决策不确定性带来的冲击。

第五章
银行授信与投资行为[①]

——基于强制分红政策背景的分析

在上一章我们研究了面临政策冲击时，财务弹性对分红行为的影响效应和机制。对于企业来说，与分红行为一样，投资行为也是影响企业资源配置效率的重要因素。在上一章我们证明了强制分红政策能够带来分红行为的增加，而分红行为的改变又会通过改变企业的融资约束情况来影响企业的投资行为。因此，在这一章，我们研究强制分红政策对企业投资行为的影响效应和机制，并且研究企业管理银行授信的行为如何影响强制分红政策影响下的投资行为。其中的投资行为既包括投资量，也包括投资效率。

第一节 问题的提出

在上一章我们已经证明强制分红政策能够影响企业的分红行为，而企业分红行为的改变又会影响企业的其他行为，投资行为是影响企业资源配置效率的重要因素。从强制分红政策对于企业投资量的影响来说，强制分红政策能够通过增

---

① 本章基本内容发表见郭丽虹，刘婷. 强制分红政策、融资约束与投资效率［J］. 上海财经大学学报，2019（1）：95－106.

加分红、限制再融资资格的途径在一定程度上减少企业自由现金流量，增加融资约束，而融资约束的增加会减少企业的投资量。从强制分红政策对于企业投资效率的影响来说，一方面，大部分研究认为强制分红政策一定程度上增加企业分红（La Porta 等，1998；李慧，2013；陈云玲，2014；魏志华等，2014），并且政策的出台在一定程度上限制了企业的再融资资格，从而加重了企业的融资约束程度，这会导致投资不足的增加；另一方面，企业分红的增加使得内部可用的自由现金流减少，从而减少委托代理问题，又会减少企业的过度投资行为。

银行授信是企业重要的流动性来源，大部分研究认为，获得银行授信和贷款能够增加企业过度投资，企业获得银行授信的行为又会对受到强制分红政策影响的投资行为产生怎样的影响呢？第一，对投资量来说，企业获得银行授信能够缓解由于强制分红政策的实施带来的融资约束，因而能够增加企业投资量。第二，对于投资效率而言，一方面，企业获得银行授信能够缓解融资约束，增加自由现金流，最终能够减少企业投资不足现象。另一方面，大部分研究认为，获得银行授信和贷款能够增加企业投资支出并加重过度投资程度（Demiroglu 等，2012；罗党论等，2012；刘婷和郭丽虹，2015）。因此，企业获得银行授信能够为在强制分红政策影响下提高分红的企业提供流动性，从而抵消强制分红政策对过度投资的负向影响，使企业的过度投资行为更加严重。

综上所述，强制分红政策对企业投资行为的影响会受到企业是否获得银行授信的影响，而现有文献往往忽略这个问题。因此，本章研究了强制分红政策下不同融资约束的企业获得银行授信与投资行为的关系。研究结果表明：第一，强制分红政策使企业投资规模和投资增量减少，但企业获得银行授信可以缓解由强制分红政策带来的这种变化。与未获得银行授信的企业相比，获得银行授信的企业能够在强制分红政策的影响下显著增加投资增量和投资规模，并且由此带来企业价值的增加。第二，强制分红政策的发布加重了投资不足的程度，但事先获得银行授信可以缓解投资不足，并最终带来企业价值的提升，这种作用在规模较小、民营企业等自由现金流较少的企业中尤为显著；另外，强制分红政策的发布能够降低过度投资的规模，但事先获得银行授信却能够减少政策对过度投资的负向影响并带来过度投资的增加，最终带来企业价值的减少，这种作用在规模较大、国有企业等自由现金流较多的企业中尤为显著。

本章可能的贡献主要体现在：第一，丰富了强制分红政策对企业投资效率影响的文献。以往文献往往只关注强制分红政策本身的有效性以及对企业分红行为和市场表现的研究，而较少关注其对实际投资效率的影响。第二，为研究强制分红政策对企业投资效率内在影响机制提供了证据支持。一方面，企业较为积极获得银行授信能够缓解强制分红政策带来的融资约束问题，进而缓解投资不足问题，这种作用在规模较小、民营企业等自由现金流较少的企业中尤为显著。另一方面，企业获得银行授信也可能使企业加大投资支出并引起过度投资，从而一定程度上抵消强制分红政策对投资效率的正面影响，最终增加过度投资，这种作用在规模较大、国有企业等自由现金流较多的企业中尤为显著。第三，本章也对研究获得银行授信的后果有所贡献。已有研究聚焦于正常经营环境中获得银行授信带来的影响，主要表现为银行授信带来过度投资。但本章提供了获得银行授信对企业"好的"影响——当企业遭遇政策冲击减少投资时，企业获得的银行授信能够通过提供流动性支持有效增强企业抵御政策冲击和把握有利投资机遇的能力，并最终提高投资效率。

本章的结构安排如下：第二节通过理论分析，提出研究假设；第三节介绍数据来源、模型设计与主要变量的描述性统计量；第四节是实证结果分析；第五节是稳健性检验；第六节是对本章的总结。

第二节　理论分析与研究假设

一、强制分红政策与投资行为

股利无关论指出，在完美的资本市场里，企业的市场价值由最优投资价值决定，与股利政策无关。然而，Kalay（1980）认为股利政策与投资政策是相互依赖的，如果合同规定一个较低的股利支付上限，企业就有较多的留存利润，从而就有可能发生过度投资行为。企业扩大投资规模可以增加管理者的可控资源，他们往往倾向于将企业内部留存利润投资到有利于自身利益最大化的项目中。如果把这些多余的现金作为股利支付给投资者，那么企业管理者的投资行为就可以受到约束，从而降低代理成本、提高企业价值（Jensen，1986；Stulz，1990）。一些研究表明，现金股利的支付减少了管理者可支配的现金，从而可以抑制企业的过度投资行为（Lang 和 Litzenberger，1989；Ghose，2005；魏明海和柳建华，2007；肖珉，2010；王茂林等，2014）。

另外，Savov（2006）认为，由于流动性约束的存在，股利变化会对投资产生显著的负面影响。Martins 和 Novaes（2012）发现很多巴西公司利用强制分红政策的漏洞来避免支付利息，不过，巴西的平均股息收益率要高于美国，而且企业没有减少投资。Ramalingegowda 等（2013）则发现，高质量的财务报告可以显著缓解股利决策对投资特别是研发投资的负面影响，同时还可以降低企业由于股利支付而放弃有价值的投资项目的可能性。不过，肖珉（2010）的研究发现内部现金流紧缺的公司难以从以往年度连续派现或较多派现的历史记录中得到好处，并缓解其投资不足的问题，从而不能支持股利的信号模型和信息甄别功能。王茂林等（2014）也认为在自由现金流紧缺的企业，现金股利会加重投资不足。

企业所需资金主要有两个来源：一是内部资金，二是外部资金。外部资金主要来自股票市场和银行信贷。强制分红政策在一定程度上限制了企业在二级市场的再融资资格，企业更加难以获得外部融资，使企业的投资更加依赖内部资金。此外，强制分红政策强制企业进行现金分红，又减少企业内部流动性。因此，总体上来说，强制分红政策能够减少企业流动性来源，加重现金流短缺，减少投资。对企业投资效率而言，一方面，强制分红政策的出台能够通过股利支付的增加和外部融资难度的增加，减少企业的可支配资金，从而减少过度投资行为；另一方面，强制分红政策的出台能够通过减少企业自由现金流，引起融资约束程度的提高，从而加重投资不足的状况。因此，我们提出：

假设1a：强制分红政策的发布降低了企业的投资规模和投资增量。

假设1b：一方面，强制分红政策的发布加重了投资不足的程度；另一方面，强制分红政策的发布减轻了过度投资的程度。

二、 强制分红政策、 银行授信与投资行为

企业通过财务政策安排能够缓解融资约束（Almeida 和 Weisbach，2004；连玉君等，2010；曾爱民和魏志华，2013）。Blau 和 Fuller（2008）以及 Rapp 等（2012）指出，管理者在制定现金股利政策时不仅会考虑内部资金提供的财务柔性，还会考虑外部资金提供的财务柔性。在强制分红政策的冲击下，企业整体上面临融资约束，导致投资规模整体下降。但该冲击也为资金充裕且有实力的企业带来了投资扩张的良好机遇。因此，本章预期，在遇到强制分红政策的影响时，获得银行授信的企业具有更强的获得和调用财务资源的能力，不仅能够免于陷入财务困境，还能更好地把握冲击带来的有利可图的投资机遇，实现更多的投资或投资下降幅度更小。

同时，大部分研究认为，由于获得银行授信为企业提供了有灵活性的优先债务，因此银行授信能够加重委托代理问题（Jiménez 等，2009；Sufi，2009；Demiroglu 等，2012）。银行授信可以通过以下三种渠道使委托代理问题更加严重，进而引发过度投资问题：资产替代、过度负债（debt overhang）以及拥有运营能力的私人管理利益。第一，当企业具有外部债务（银行授信）时，由于管理层获得的是企业的看涨期权价值，因此管理层有进行过度投资的冲动。第二，管理层还可以利用具有灵活性的银行授信偿还其他优先级债务，由此导致企业大量增加对负债的利用，从而产生过度投资问题。第三，管理层可能因追求个人权力增大等私利而进行过度投资。企业获得银行授信通过加重委托代理问题最终带来过度投资的增加（应千伟和罗党论，2012；刘婷和郭丽虹，2015）。其中，后两种渠道都是因为银行授信为企业提供了流动性而加重企业

的委托代理问题。因此，尽管强制分红政策通过减少企业内部自由现金流能够缓解过度投资，但银行授信能够补充流动性，从而抵消政策对过度投资的负向影响，甚至带来过度投资。

综上所述，对于企业投资量来说，获得银行授信能够带来投资量的增加，改变强制分红政策带来的投资量减少的情况。对于企业投资效率来说，一方面，获得银行授信能够缓解企业的融资约束程度并缓解强制分红政策带来的投资不足增加的情况，最终降低投资不足的程度；另一方面，获得银行授信也可能通过给企业提供流动性加重委托代理问题，由此改变强制分红政策带来的过度投资减少的情况，在一定程度上抵消了强制分红政策带来过度投资的负面影响，甚至会加重过度投资。

因此，我们提出：

假设 2a：获得银行授信可以缓解政策冲击。与未获得银行授信的企业相比，获得银行授信的企业能够在受到政策冲击时更多地增加投资支出，投资规模也较大。

假设 2b：获得银行授信能够减轻强制分红政策带来的投资不足增加的程度；但获得银行授信能够抵消强制分红政策对过度投资的负向影响，加重过度投资程度。

第三节　实证研究设计

一、样本选择与数据来源

本章数据来源于锐思数据库（RESST），其中，授信数据来源于锐思数据库中的借贷明细子数据库，根据这个数据库的公告数据进行手工整理，得到在样本期内获得银行授信的样本。本章样本区间为 2001—2015 年，对样本的筛选原则为：选取 2001—2015 年沪深 A 股上市公司，剔除金融类公司，剔除 ST

等被特殊处理的公司，剔除净资产小于 0 的公司，最终得到 1917 个公司共
21569 个数据。为了控制极端值对回归结果的影响，本章对主要变量进行了首
尾 1% 的缩尾处理。

二、　变量定义

（一）解释变量

强制分红政策变量（$Policy_{it}$）。我国强制分红政策的实施是循序渐进的，
虽然 2006 年的强制分红政策规定了分红的比例，因此往往被认为是强制分红
政策强弱的划分时点（魏志华等，2014），但 2008 年出台的政策是 2006 年的
加强版，在 2006 年的基础上将分红比例提高到 30%，并且规定仅为现金分
红。目前对于政策强弱划分并没有定论。本章选取 2006 年作为划分时点，并
将 2008 年的划分方法进行稳健性检验。

银行授信变量（$Credit_{it}$）。授信额度的多少主要是反映企业对授信额度需求
程度的不同，不一定对企业投资效率产生影响（应千伟和罗党论，2012；刘婷和
郭丽虹，2015）。因此，本章主要选取了企业当年是否获得银行授信的度量指标，
用虚拟变量 $Creditdum$ 表示。若企业当年获得银行授信，$Creditdum$ 为 1，否则为 0。

（二）被解释变量

投资变量（INV）。本章分别选取投资增量和投资规模作为因变量，ΔINV
表示企业当期的投资增加，用来测度企业当期投资相比上期投资的增减幅度。
INV 表示当期投资支出。

投资效率。我们依据 Richardson（2006）的模型来度量过度投资，见模型
（5.1）。其中残差大于 0 的部分为过度投资（$Excess$），小于 0 的部分为投资不
足（$Less$）。在度量时，借鉴俞红海等（2010）、罗党论等（2012）的做法，在
模型（5.1）中考虑投资机会的影响，同时加入现金、债务、企业年龄、企业
规模和资产收益率等因素，考虑投资的连续性，采用滞后一期的变量作为解释
变量，并控制行业和年度效应，最终选取的模型如下：

$$INV_{it} = a_0 + b_1 Growth_{it-1} + b_2 TobinQ_{it-1} + b_3 ROA_{it-1} + b_4 LEV_{it-1}$$

$$+ b_5 Size_{it-1} + b_6 Cash_{it-1} + b_7 Age_{it-1} + b_8 INV_{it-1}$$

$$+ \sum YearIndicator + \sum IndustryIndicator + \varepsilon_{it} \qquad (5.1)$$

其中，$Growth_{it-1}$ 与 $TobinQ_{it-1}$ 分别表示上年营业收入增长率和上年托宾 Q，这两个变量代表投资机会。ROA_{it-1} 表示上年度企业的总资产收益率；LEV_{it-1} 表示上年末的资产负债率；$Size_{it-1}$ 表示企业规模；$Cash_{it-1}$ 表示上年末的现金与现金等价物持有量/总资产；Age_{it-1} 表示企业成立年限；INV_{it-1} 表示投资的滞后项。$YearIndicator$ 和 $IndustryIndicator$ 分别表示控制年度与行业虚拟变量。

（三）控制变量

本章选取了企业规模（$Size$）、托宾 Q（$TobinQ$）、企业年龄（Age）、经营现金流（$Cflow$）、派现意愿（$Paydum$）作为控制变量。

根据以上描述，所有变量的含义及定义见表 5.1。

表 5.1　　　　　　　　　　　　　　变量的描述

变量名称	定义	含义
Policy	强制分红政策	以 2006 年作为政策的分界线，使用 2008 年的划分方法进行稳健性检验
Excess	过度投资	按照模型（5.1）回归结果中大于 0 的残差值
Less	投资不足	按照模型（5.1）回归结果中小于 0 的残差值的绝对值
Creditdum	是否获得银行授信	若样本公司当年获得银行授信，则该变量为 1，否则为 0
ROA	总资产利润率	净利润/总资产
Cash	现金财务	现金与现金等价物/总资产
LEV	杠杆财务	总负债/总资产
INV	投资支出	资本性支出/总资产
TobinQ	托宾 Q	公司的市场价值/资产重置成本
Age	企业年龄	企业成立年限
Size	企业规模	总资产的对数
Cflow	经营现金流	经营活动所产生的现金流量净额/总资产
Paydum	派现意愿	若当年发放股利，则为 1，否则为 0
ALR	是否积极举债	短期借款+应付利息+应付短期债券+应付股利
Boardsize	董事会规模	董事会人数

三、 变量的描述性统计

主要变量的描述性统计见表5.2。

表5.2 变量的描述性统计

变量	平均值	最小值	25%分位数	50%分位数	75%分位数	最大值	标准差
INV	0.059	0.0002	0.017	0.042	0.083	0.269	0.057
Excess	0.03	0	0	0.0029	0.0324	0.265	0.0374
Less	0.027	0.0001	0.0122	0.0233	0.0369	0.2268	0.0222
Creditdum	0.199	0	0	0	0	1	0.399
ROA	0.035	−0.273	0.012	0.033	0.061	0.196	0.058
LEV	0.471	0.057	0.321	0.477	0.623	0.898	0.201
Cash	0.164	0.006	0.072	0.126	0.216	0.986	0.132
TobinQ	1.841	0.188	0.764	1.348	2.303	11.185	1.693
Age	13.298	1	9	13	17	69	6.328
Size	21.712	19.006	20.863	21.573	22.399	25.276	1.214
Cflow	0.046	−0.202	0.005	0.046	0.091	0.494	0.081
Paydum	0.6085	0	0	1	1	1	0.4881
ALR	0.1792	0	0.0283	0.1606	0.2891	0.8292	0.1558
Boardsize	11.891	1	9	11	14	45	4.255

从表5.2可以得到，投资规模变量（INV）的均值为0.059，过度投资（Excess）的均值为0.03，投资不足（Less）的均值为0.027，银行授信虚拟变量（Creditdum）的均值为0.199，盈利能力（ROA）的均值为0.035，财务杠杆（LEV）的均值为0.471，现金（Cash）的均值为0.164，托宾Q的均值为1.841，企业年龄（Age）的均值为13.298，企业规模（Size）的均值为21.712，现金流量（Cflow）的均值为0.046，董事会规模（Boardsize）的均值为11.891，是否积极举债（ALR）的均值为0.1792。变量的其他统计量见表5.2。

我们对主要变量进行了 T 检验。从表5.3结果可以看出，获得银行授信的企业在受到强制分红政策的影响时投资水平并没有出现显著变化，相反，未获得银行授信的企业投资支出呈现显著下降。这表明当受到强制分红政策的影响时，是否获得银行授信会对企业的投资行为产生影响。考察两组在强制分红政策前后的差异可以看出，与政策前相比，未获得银行授信的企业在政策后与获得银行授信的企业的投资水平差距明显增大。这也说明，是否获得银行授信会影响企业受到政策冲击时的投资水平。

表5.3　　　　　　　子样本变量均值、跨期变动及差异显著性检验

	投资	现金流量	负债率	现金持有	托宾 Q	规模	派现
政策前	0.0643	0.0384	0.4698	0.178	1.3557	21.1348	0.0915
政策后	0.0617	0.00001	0.4615	0.166	1.9407	21.8037	0.0914
变动	−0.0026	−0.03839	−0.0083	−0.012	0.585	0.6689	−0.0001
T 检验	0.8106	−2.3689	0.7499	1.8508	−6.4085***	−11.5452***	−0.0205
政策前	0.0658	0.0492	0.4690	0.1604	1.5231	21.1410	0.0750
政策后	0.0555	0.0500	0.4754	0.1639	1.9513	21.9283	0.0955
变动	−0.0103	0.0008	0.0064	0.0035	0.4282	0.7873	0.0205
T 检验	10.7075***	−5.1169**	−1.8742	−1.5789	−14.964***	−38.9776***	−8.9036***
政策前	0.0015	0.0108	−0.0008	−0.0176	0.1674	0.0062	−0.0165
政策后	−0.0062	0.0500	0.0139	−0.0021	0.0106	0.1246	0.0041
跨期变动	−0.0077	0.0392	0.0147	0.0155	−0.1568	0.1184	0.0206

四、模型构建

首先，我们构建了如下投资增量模型和投资支出模型。

$$\Delta INV = f(Policy, ControlVariables) + \varepsilon \qquad (5.2)$$

$$INV = f(Policy, ControlVariables) + \varepsilon \qquad (5.3)$$

$$\Delta INV = f(Creditdum\_Policy, Creditdum, Policy, ControlVariables) + \varepsilon$$
$$(5.4)$$

$$INV = f(Creditdum\_Policy, Creditdum, Policy, ControlVariables) + \varepsilon$$
$$(5.5)$$

我们使用模型（5.2）、（5.3）检验假设1a。其中，ΔINV 表示企业当期的投资增加，用来测度企业当期投资相比上期投资的增减幅度。INV 为当期投资支出。若 $Policy$ 的系数显著为负，则说明同等情况下，企业受到强制分红政策的影响会显著减少投资增量和规模。使用模型（5.4）、（5.5）检验假设2a。其中，$Creditdum\_Policy$ 为银行授信与政策变量的交叉项，若此项显著为正，则说明获

得银行授信的企业在受到政策影响后仍然会显著增加投资规模和增量。

然后，我们构建了如下投资不足与过度投资模型。

$$Excess_{it} = f(Policy_{it}, Control_{it}) + \varepsilon_{it} \tag{5.6}$$

$$Less_{it} = f(Policy_{it}, Control_{it}) + \varepsilon_{it} \tag{5.7}$$

$$Excess_{it} = f(Policy_{it}, Creditdum_{it}, Creditdum_{it}\_Policy_{it}, Control_{it}) + \varepsilon_{it} \tag{5.8}$$

$$Less_{it} = f(Policy_{it}, Creditdum_{it}, Creditdum_{it}\_Policy_{it}, Control_{it}) + \varepsilon_{it} \tag{5.9}$$

我们使用模型（5.6）、（5.7）检验假设1b。其中，$Excess_{it}$ 表示企业当期的过度投资，$Less_{it}$ 表示企业当期的投资不足。对于模型（5.6），若 $Policy_{it}$ 的系数显著为负，则说明同等情况下，企业受到强制分红政策的影响会显著减少过度投资。对于模型（5.7），若 $Policy_{it}$ 的系数显著为正，则说明同等情况下，企业受到强制分红政策的影响会显著增加投资不足。使用模型（5.8）、（5.9）检验假设2b。其中，$Creditdum\_Policy$ 为银行授信与政策变量的交叉项。对于模型（5.8），若此项显著为正，则说明企业受到银行授信和政策共同影响后仍然会显著增加过度投资。对于模型（5.9），若交叉项显著为负，则说明企业受到银行授信和政策共同影响后会显著减少投资不足。

第四节 实证结果分析

一、 强制分红政策、 银行授信与投资量

（一）强制分红政策与投资量

我们首先考察了强制分红政策对于企业投资增量和投资规模的影响。表5.4的结果显示，政策变量（$Policy$）的系数都显著为负，表明在受到强制分红政策影响

后企业投资规模和投资增量都显著减少。这验证了假设 1a，表明强制分红政策确实减少了企业的投资规模和投资增量。受到强制分红政策的影响，企业一方面更难以获得外部资金，另一方面将更多的资金用于分红，因此减少了投资。

控制变量托宾 Q（$TobinQ$）、企业规模（$Size$）、经营现金流（$Cflow$）、派现意愿（$Paydum$）等都在一定程度上具有显著性。

表 5.4 强制分红政策与投资量

变量	投资增量	变量	投资规模
$Policy$	-0.0141^{***}	$Policy$	-0.0291^{***}
	(-6.96)		(-10.51)
$Cflow$	0.0334^{***}	$Cflow$	0.0143
	(3.50)		(1.38)
$Size$	0.00197^{***}	$Size$	0.00483^{***}
	(5.63)		(8.49)
Age	-0.000270^{***}	Age	-0.000917^{***}
	(-4.47)		(-7.07)
$TobinQ$	0.00149^{***}	$TobinQ$	0.00223^{***}
	(6.02)		(7.35)
$Boardsize$	-0.000242^{***}	$Boardsize$	-0.000641^{***}
	(-3.09)		(-5.75)
$Paydum$	0.00668^{***}	$Paydum$	0.0110^{***}
	(9.75)		(13.27)
SOE	-0.00198^{***}	SOE	-0.00673^{***}
	(-2.83)		(-4.47)
INV_{it-1}	-0.466^{***}		
	(-81.16)		
$Constant$	-0.0131^{*}	$Constant$	-0.00934
	(-1.69)		(-0.72)
$Year$	控制	$Year$	控制
观察值	19390	观察值	21569
R^2	0.3697	R^2	0.0646

注：根据模型（5.2）、（5.3）计算所得。括号内为变量的 z 值。

（二）强制分红政策、银行授信与投资量

考虑企业是否获得银行授信对于企业受到强制分红政策的影响，我们使用银行授信与政策的交叉项（Creditdum_Policy）来验证获得银行授信是否会对企业受到强制分红政策影响的投资后果产生影响。

表5.5的结果显示交叉项的结果显著为正，说明与未获得银行授信的企业相比，获得银行授信的企业在受到强制分红政策影响之后仍然会增加投资规模和投资增量。这验证了假设2，说明获得银行授信的企业相比未获得银行授信的企业更少地受到融资约束的困扰，更能显著地增加投资支出。

表5.5　　　　　　　　　强制分红政策、银行授信与投资量

变量	投资增量	变量	投资规模
Creditdum_Policy	0.00726**	Creditdum_Policy	0.00524*
	（2.38）		（1.84）
Creditdum	−0.00436	Creditdum	−0.00275
	（−1.49）		（−1.01）
Policy	−0.0128***	Policy	−0.0126***
	（−5.88）		（−6.10）
Cflow	0.0504***	Cflow	0.0488***
	（4.95）		（5.07）
Size	0.00183***	Size	0.00155***
	（5.10）		（4.46）
Age	−0.000336***	Age	−0.000392***
	（−5.49）		（−6.56）
TobinQ	0.00169***	TobinQ	0.00168***
	（6.49）		（6.90）
Boardsize	−0.000217***	Boardsize	−0.000187**
	（−2.64）		（−2.39）
Paydum	0.00673***	Paydum	0.00668***
	（9.31）		（9.65）
SOE	0.000358	SOE	0.000243
	（0.5）		（0.35）

续表

变量	投资增量	变量	投资规模
INV	− 0.393***	*INV*	0.567***
	(− 67.29)		(101.58)
Constant	− 0.0197**	*Constant*	− 0.0101
	(− 2.56)		(− 1.36)
Year	控制	*Year*	控制
观察值	17316	观察值	19390
R^2	0.2187	R^2	0.3912

注：根据模型（5.4）、（5.5）计算所得。括号内为变量的 z 值。

二、 强制分红政策、 银行授信与投资效率

（一） 强制分红政策与投资效率

我们首先考察强制分红政策对于企业过度投资和投资不足的影响。表5.6的结果显示，对于投资不足的样本来说，政策变量（*Policy*）的系数显著为正，说明强制分红政策对于投资不足的影响显著为正，表明强制分红政策带来投资不足的增加，这可能是因为强制分红政策通过增加分红和加重再融资难度加重了企业的融资约束程度，最终带来投资不足的增加。

表 5.6　　　　　　　　　　强制分红政策与投资效率

变量	投资不足	过度投资
Policy	0.133***	− 0.0229***
	(7.50)	(− 6.25)
Cflow	− 0.0144**	0.0271
	(− 2.49)	(1.98)
Size	− 0.00473***	0.00213***
	(− 14.69)	(3.44)
Age	− 0.000522***	− 0.000202*
	(− 7.35)	(− 2.16)

续表

变量	投资不足	过度投资
TobinQ	0.00169***	0.00289***
	（9.77）	（5.58）
Boardsize	−2.86e−05	−0.000110
	（−0.12）	（−0.18）
Paydum	0.000301	6.37e−05
	（0.60）	（0.29）
SOE	0.000553	−0.00491***
	（0.86）	（−1.50）
Constant	0.00623	0.00657
	（−0.01）	（−0.10）
观察值	9829	6386
R^2	0.1319	0.0348
Year	控制	控制
Industry	控制	控制

注：根据模型（5.6）、（5.7）计算所得。括号内为变量的 z 值。

对于过度投资的样本来说，政策变量的系数显著为负，说明强制分红政策对于过度投资的影响显著为负，表明强制分红政策带来过度投资的减少，这可能是因为强制分红政策减少了企业自由现金流从而减少了委托代理问题，最终使企业过度投资程度下降。控制变量托宾 Q（TobinQ）、企业规模（Size）、企业年龄（Age）、经营现金流（Cflow）、董事会规模（Boardsize）、派现意愿（Paydum）都在一定程度上具有显著性。

表 5.7　　　　　　　　　强制分红政策、银行授信与投资效率

变量	投资不足	过度投资
Creditdum _ Policy	−0.00330*	0.00514*
	（−1.92）	（1.68）
Policy	0.00133	0.00858***
	（0.80）	（4.20）

变量	投资不足	过度投资
Creditdum	0.128***	− 0.000885
	(17.78)	(− 0.30)
Size	− 0.0150**	0.00607***
	(− 14.97)	(16.47)
Cflow	− 0.00460***	0.0479***
	(− 2.55)	(4.38)
Age	− 0.000500***	0.000278***
	(− 7.68)	(4.56)
TobinQ	0.00176***	0.000505**
	(9.74)	(1.98)
Boardsize	− 9.70e − 06	2.18e − 05
	(− 0.15)	(0.26)
SOE	0.000479	0.00354***
	(0.66)	(4.51)
Constant	− 0.12	− 0.133***
	(− 1.00)	(− 16.66)
观察值	9829	11799
R^2	0.1330	0.0850
Year	控制	控制
Industry	控制	控制

注：根据模型（5.6）、（5.7）计算所得。括号内为变量的 z 值。

（二）强制分红政策、银行授信与投资效率

我们接下来考虑强制分红政策与企业是否获得银行授信对投资效率的共同影响。

我们使用银行授信与政策的交叉项（*Creditdum _ Policy*）来验证获得银行授信是否会对企业受到强制分红政策影响的投资后果产生影响。表 5.7 的结果显示，对于投资不足的样本来说，银行授信与政策变量的交叉项的结果显著为负，说明与未获得银行授信的企业相比，获得银行授信的企业在受到强制分红政策影响之后会显著减少投资不足的程度。这验证了假设 2b，说明获得银行授信的企业相比未获得银行授信的企业更少地受到融资约束的困扰，更能显著地增加投资支出。对于过度投资的样本来说，银行授信与政策变量的交叉项的结果显著为正，说明与未获得银行授信的企业相比，获得银行授信的企业加重了过度投资的程度，这验证了假设2b，说明获得银行授信的企业有更严重的委托代理问题，从而增加了过度投资的规模。

（三）分组检验

为了进一步证明强制分红政策、银行授信对于企业投资效率的影响机制，我们对企业进行分组检验。

表5.8 分组检验——投资不足

变量	规模较小的组	规模较大的组	民营企业	国有企业
Policy	0.133***	0.00343**	0.00525**	0.119***
	(6.03)	(2.28)	(2.48)	(11.18)
Creditdum	−0.000692	0.00149	0.00163	−0.000709
	(−0.31)	(0.98)	(0.68)	(−0.45)
Creditdum _ Policy	−0.00462*	−0.00241	−0.00511**	−0.00156
	(−1.9)	(−1.42)	(−1.98)	(−0.88)
Cflow	−0.0251***	−0.0147***	−0.0206***	−0.0194***
	(−4.81)	(−3.69)	(−3.92)	(−4.57)
Size	−0.00422***	−0.00273***	−0.00434***	−0.00361***
	(−4.16)	(−5.13)	(−6.63)	(−8.14)
Age	−0.000750***	−0.000837***	−0.000856***	−0.000721***
	(−6.51)	(−8.04)	(−6.84)	(−6.78)
TobinQ	0.00256***	0.00368***	0.00354***	0.00242***
	(6.86)	(9.43)	(8.89)	(6.73)
Boardsize	−0.000304**	−6.70e−05	−0.000265**	−0.000104
	(−2.45)	(−0.76)	(−2.03)	(−1.13)
Paydum	0.00302***	0.00156**	0.00164	0.00300***
	(3.17)	(2.17)	(1.64)	(4.01)
Constant	0	0.0833***	0.121***	0
	(0)	(6.92)	(8.14)	(0)
观察值	3374	3702	2547	4171
R^2	0.1158	0.1245	0.1971	0.1245
Year	控制	控制	控制	控制
Industry	控制	控制	控制	控制

表5.9 分组检验——过度投资

变量	规模较大的组	规模较小的组	国有企业	民营企业
Policy	−0.0219***	−0.00975*	−0.0211***	−0.0183***
	(−5.12)	(−1.78)	(−5.13)	(−2.75)
Creditdum	−0.00283	−0.00912	−0.00948*	0.0113
	(−0.54)	(−1.23)	(−1.86)	(1.31)
Creditdum _ Policy	0.00712	0.0113	0.0121**	−0.00713
	(1.24)	(1.42)	(2.15)	(−0.79)
Cflow	0.0560***	0.0536***	0.0540***	0.0703***
	(4.12)	(3.34)	(4.06)	(3.96)
Size	0.00260**	0.00159	0.00291***	0.00515***
	(2)	(0.57)	(2.9)	(3.04)
TobinQ	0.00318***	0.00269**	0.00115	0.00378***
	(2.82)	(2.52)	(1.1)	(3.19)
Boardsize	−9.91e−05	−0.000421	5.70e−05	−0.000298
	(−0.42)	(−1.33)	(0.25)	(−0.8)
Paydum	0.00302	−0.000403	0.00355*	−0.00202
	(1.54)	(−0.17)	(1.89)	(−0.74)
Constant	−0.0223	0.0201	−0.0269	−0.0592
	(−0.76)	(0.34)	(0.0675)	(−1.58)
观察值	2963	1631	2998	1356
R^2	0.0681	0.0450	−1.18	0.0836
Year	控制	控制	控制	控制
Industry	控制	控制	控制	控制

注：根据模型（5.6）、（5.7）计算所得。括号内为变量的 z 值。

对于自由现金流较少的企业（规模较小、民营企业），银行授信能够更加显著地减少强制分红政策带来的投资不足；而对于自由现金流较多的企业（规模较大、国有企业），银行授信能够更加显著地改变强制分红政策对过度投资的负向影响，说明银行授信正是通过改变企业的自由现金流状况来改变强制分红政策对投资效率带来的影响。因此，我们对投资不足与过度投资的企业分别按照规模（总资产自然对数的年度均值）、是否为国有企业进行分组，分别进行回归检验。

表 5.8 的结果显示,对于规模较小、民营企业等现金流较不充裕的企业,银行授信与政策变量的交叉项的结果更加显著。这说明,企业事先获得银行授信能够通过增加企业内部现金流抵消强制分红政策对投资不足的正向影响,最终减少投资不足,一定程度上提高企业的投资效率。

表 5.9 的结果显示,对于规模较大、国有企业等现金流较为充裕的企业,银行授信与政策变量的交叉项的结果更加显著。这说明,事先获得银行授信能够通过增加企业现金流抵消强制分红政策对于过度投资的负向影响,最终增加过度投资,一定程度上降低企业的投资效率。

第五节　稳健性检验

一、 强制分红政策、 银行授信与投资量的稳健性检验

(一) 银行授信工具变量

由于银行授信的获得可能会受企业投资增量和投资水平的影响,为了控制内生性问题,我们采用 2SLS 方法进行稳健性检验。

首先采用 Probit 模型预测银行授信的获得,模型如下,其中, ALR 表示是否积极举债(ALR = 短期借款 + 应付利息 + 应付短期债券 + 应付股利)。然后用预测的银行授信变量 $Creditdum\_hat$ 再次对假设 2 进行检验。

表 5.10 的结果显示,银行授信变量与政策变量交叉项的结果显著为正,说明与未获得银行授信的企业相比,获得银行授信的企业在受到强制分红政策影响之后仍然会增加投资规模和投资增量,表明获得银行授信的企业相比未获得银行授信的企业更少地受到融资约束的困扰,更能显著地增加投资支出。本章的主要结论并没有发生改变。

$$Creditdum_{it} = \alpha + \beta_1 Creditdum_{it-1} + \beta_2 ALR_{it-1} + \beta_3 Cflow_{it-1} + \beta_4 ROA_{it-1}$$
$$+ \beta_5 INV_{it-1} + \beta_6 Size_{it-1} + \beta_7 TobinQ_{it-1} + \beta_8 Age_{it-1} + \varepsilon_{it} (5.10)$$

表 5.10 内生性检验结果

变量	投资规模	变量	投资增量
$Creditdum\_hat\_Policy$	0.00417**	$Creditdum\_hat\_Policy$	0.00417**
	(2.48)		(2.36)
$Creditdum\_hat$	− 0.00247	$Creditdum\_hat$	− 0.00247
	(− 1.49)		(− 1.41)
$Policy$	− 0.00561	$Policy$	− 0.00563
	(− 1.43)		(− 1.35)
$Cflow$	0.0481***	$Cflow$	0.0496***
	(5.00)		(4.87)
$Size$	0.00160***	$Size$	0.00188***
	(4.28)		(4.86)
Age	− 0.000382***	Age	− 0.000326***
	(− 5.54)		(− 4.61)
$TobinQ$	0.00165***	$TobinQ$	0.00166***
	(6.74)		(6.34)
$Boardsize$	− 0.000184**	$Boardsize$	− 0.000216***
	(− 2.35)		(− 2.62)
$Paydum$	0.00672***	$Paydum$	0.00677***
	(9.70)		(9.35)
SOE	0.000256	SOE	0.000345
	(0.37)		(0.48)
INV	0.567***	INV	− 0.393***
	(100.29)		(− 66.55)
$Constant$	− 0.0161**	$Constant$	− 0.0258***
	(− 2.05)		(− 3.14)
$Year$	控制	$Year$	控制
观察值	19389	观察值	17315
R^2	0.3911	R^2	0.2184

注：根据模型（5.4）、（5.5）计算所得。将其中的银行授信变量改为根据模型（5.10）计算的结果。括号内为变量的 z 值。

（二）加入宏观变量

企业的投资行为会受到宏观经济变量的影响，因此，接下来，我们加入宏观 GDP 变量（年度 GDP 变量的增速）进行验证。表 5.11 的实证结果显示，银行授信变量与政策变量交叉项的结果显著为正，说明与未获得银行授信的企业相比，获得银行授信的企业在受到强制分红政策影响之后仍然会增加投资规模和投资增量。加入宏观 GDP 变量之后，本章的主要结论并不会改变。

表 5.11　　强制分红政策、银行授信与投资量——加入宏观变量

变量	投资增量	变量	投资规模
Creditdum _ Policy	0.00729**	Creditdum _ Policy	0.00533*
	(2.39)		(1.89)
Creditdum	−0.00426	Creditdum	−0.00272
	(−1.46)		(−1)
Policy	−0.00426***	Policy	−0.00319***
	(−4.35)		(−3.41)
Cflow	0.0396***	Cflow	0.0364***
	(4.16)		(4.02)
Size	0.00157***	Size	0.00118***
	(4.56)		(3.55)
Age	−0.000339***	Age	−0.000399***
	(−5.67)		(−6.86)
TobinQ	0.00126***	TobinQ	0.00117***
	(5.29)		(5.25)
Boardsize	−0.000229***	Boardsize	−0.000189**
	(−2.78)		(−2.43)
Paydum	0.00712***	Paydum	0.00712***
	(9.96)		(10.39)
SOE	0.000216	SOE	8.49e−05
	(0.3)		(0.12)
INV	−0.392***	INV	0.568***
	(−67.24)		(101.81)
GDP	0.0971***	GDP	0.0993***
	(12.71)		(13.55)
Constant	−0.0243***	Constant	−0.0128*
	(−3.31)		(−1.76)
Year	控制	Year	控制
观察值	17283	观察值	19351
R^2	0.2141	R^2	0.3872

注：根据模型（5.4）、（5.5）计算所得。加入 GDP 增速作为控制变量。括号内为变量的 z 值。

（三）改变政策变量

由于我国的强制分红政策是循序渐进的，因此我们使用以 2008 年作为政策划分标准的结果进行稳健性检验。从表 5.12 的结果可以看出，银行授信变量与政策变量的交叉项的结果都显著为正，表明与未获得银行授信的企业相比，获得银行授信的企业在受到强制分红政策影响之后仍然会增加投资规模和投资增量，说明获得银行授信的企业相比未获得银行授信的企业更少地受到融资约束的困扰，更能显著地增加投资支出。

表 5.12　　　　　　强制分红政策、银行授信与投资行为

（改变政策变量划分指标）

变量	投资规模	变量	投资增量
$Creditdum \_ Policy$	0.00347*	$Creditdum \_ Policy$	0.00493**
	(1.69)		(2.29)
$Creditdum$	-0.00152	$Creditdum$	-0.00247
	(-0.82)		(-1.26)
$Policy$	0.00189**	$Policy$	0.000992
	(2.16)		(1.09)
$Cflow$	0.0353***	$Cflow$	0.0383***
	(3.91)		(4.03)
$Size$	0.000657**	$Size$	0.00104***
	(2.01)		(3.06)
Age	-0.000507***	Age	-0.000444***
	(-8.74)		(-7.46)
$TobinQ$	0.000920***	$TobinQ$	0.000993***
	(4.23)		(4.27)
$Boardsize$	-0.000173**	$Boardsize$	-0.000214***
	(-2.22)		(-2.61)
$Paydum$	0.00688***	$Paydum$	0.00691***
	(10.03)		(9.64)
SOE	0.000586	SOE	0.000702
	(0.85)		(0.98)

续表

变量	投资规模	变量	投资增量
INV	0. 569***	INV	− 0. 391***
	(101. 95)		(−67. 08)
GDP	0. 103***	GDP	0. 0992***
	(13. 60)		(12. 47)
Constant	− 0. 00398	Constant	− 0. 0158**
	(−0. 55)		(−2. 15)
Year	控制	Year	控制
观察值	19353	观察值	17283
R^2	0. 3872	R^2	0. 2136

（四）使用滞后一期变量

为了增强结果的稳健性，使用授信变量和全部控制变量的滞后一期变量进行检验。从表 5. 13 的结果可以看出，滞后一期的银行授信变量与政策变量的交叉项的结果显著为正，说明与未获得银行授信的企业相比，获得银行授信的企业在受到强制分红政策影响之后仍然会增加投资规模和投资增量，表明获得银行授信的企业相比未获得银行授信的企业更少地受到融资约束的困扰，更能显著地增加投资支出。因此，使用滞后一期的财务弹性变量并不会改变本章的主要结论。

表 5. 13　　　　　　　　　　使用滞后一期变量的结果

变量	投资规模	投资增量
$Creditdum_{it-1}\_Policy$	0. 00639***	0. 00561**
	(2. 74)	(2. 28)
$Creditdum_{it-1}$	− 0. 00605***	− 0. 00500**
	(−2. 81)	(−2. 19)
$Policy_{it}$	− 0. 00964***	− 0. 00942***
	(−5. 01)	(−4. 60)
$Cflow_{it-1}$	0. 0356***	0. 0307**
	(2. 78)	(2. 30)

续表

变量	投资规模	投资增量
$Size_{it-1}$	0.000434	0.000584
	(1.24)	(1.62)
$TobinQ_{it-1}$	0.00216***	0.00185***
	(8.35)	(6.57)
$Boardsize_{it-1}$	-0.000268***	-0.000278***
	(-3.5)	(-3.44)
$Paydum_{it-1}$	0.00858***	0.00834***
	(12.37)	(11.50)
SOE	0.000925	0.000770
	(1.34)	(1.07)
INV	0.568***	-0.390***
	(102.25)	(-67.13)
$Constant$	0.00609	0.000715
	(0.81)	(0.09)
$Year$	控制	控制
观察值	19452	17373
R^2	0.3906	0.2171

（五）强制分红政策、银行授信、投资量与企业价值

根据前面的分析，我们已经证明了强制分红政策与银行授信对投资行为的影响效应，如果能提供更多的证据说明强制分红政策与银行授信对企业投资行为作用机理的话，则更能支持前面的结论。为此，我们将进行以下分析：企业的价值是否受到强制分红政策、银行授信以及两者带来的投资行为的影响。如果强制分红政策、银行授信对投资行为的影响效应确实存在，那么这些因素也会对投资的结果——企业的价值产生影响。因此，有必要对强制分红政策和银行授信引起的投资行为对企业价值的影响进行进一步检验。我们采用以下模型进行检验，即检验获得银行授信的企业因强制分红政策而导致的过度投资对于企业价值的影响。

表 5.14　　　　　　　强制分红政策、银行授信、投资与企业价值

$TobinQ$	(1)	(2)
$Creditdum\_Policy\_INV$	0.751**	0.706**
	(2.23)	(2.04)
$Creditdum_{it}$	−0.133***	−0.136***
	(−4.49)	(−4.50)
$Policy$	2.112***	2.065***
	(32.04)	(29.80)
INV_{it-1}	−0.0470	−0.290*
	(−0.3)	(−1.79)
$Cflow_{it-1}$	0.616*	0.435
	(1.96)	(1.36)
$Size_{it-1}$	−0.778***	−0.752***
	(−60.62)	(−55.86)
Age_{it-1}	−0.00794**	−0.00917**
	(−2.12)	(−2.31)
$Boardsize_{it-1}$	0.00151	−0.000615
	(0.56)	(−0.22)
$Paydum_{it-1}$	0.0849***	0.0956***
	(4.27)	(4.75)
$Constant$	18.22***	17.71***
	(68.44)	(63.44)
$Year$	控制	控制
观察值	19378	17308
R^2	0.3704	0.3676

从表 5.14 可以看出，$Creditdum\_Policy\_INV$ 对企业托宾 Q 的影响显著为正，说明获得银行授信的企业受到强制分红政策影响后，投资的增加能够增加企业价值。这一结果说明获得银行受信能够帮助企业应对外部政策冲击，更好地抓住投资机会，增加企业价值。这也说明了企业进行流动性管理保有银行授信有利于企业应对不利冲击，因此，企业应注重进行流动性管理，以更好地应对外部环境的变化。

二、 强制分红政策、 银行授信与投资效率的稳健性检验

(一) 改变政策变量

表5.15　强制分红政策、银行授信与投资行为（改变政策变量划分指标）

变量	投资不足	过度投资
$Creditdum \_ Policy$	-0.00233^*	0.00263^*
	(-1.83)	(1.88)
$Policy$	0.000238	0.00165
	(0.2)	(0.82)
$Creditdum$	-0.00113	0.00863^{***}
	(-0.93)	(4.22)
$Cflow$	-0.0150^{**}	0.0479^{***}
	(-2.56)	(4.39)
$Size$	-0.00461^{***}	0.00607^{***}
	(-14.98)	(16.48)
Age	-0.000500^{***}	0.000278^{***}
	(-7.68)	(4.56)
$TobinQ$	0.00175^{***}	0.000499^{**}
	(9.74)	(1.96)
$Boardsize$	$-9.96e-06$	$2.18e-05$
	(-0.16)	(0.26)
SOE	0.000480	0.00354^{***}
	(0.66)	(4.51)
$Constant$	0.129^{***}	-0.133^{***}
	(18.87)	(-16.66)
观察值	9829	11799
R^2	0.1328	0.0849
Year	控制	控制

　　注：根据模型（5.6）、（5.7）、（5.8）、（5.9）计算所得。将其中政策变量改为以2008年为划分标准。括号内为变量的z值。

　　我们使用 2008 年的结果进行稳健性检验。从表 5.15 的结果可以看出,对于投资不足的企业来说,银行授信与政策变量的交叉项的结果显著为负,说明与未获得银行授信的企业相比,获得银行授信的企业在受到强制分红政策影响之后会显著减轻投资不足的程度,表明获得银行授信的企业相比未获得银行授信的企业更少地受到融资约束的困扰,更能显著地增加投资支出。对于过度投资的企业来说,银行授信与政策变量的交叉项的结果显著为正,说明与未获得银行授信的企业相比,获得银行授信的企业加重了过度投资的程度,表明获得银行授信的企业有更严重的委托代理问题,从而增加了过度投资的规模。表 5.15 的结果说明,改变政策变量不会改变本章的主要结论。

　　(二) 银行授信工具变量

　　由于银行授信的获得可能会受企业投资的影响,为了控制内生性问题,我们采用 2SLS 方法进行稳健性检验。

　　首先采用 Probit 模型预测银行授信的获得,模型如下,其中,ALR 表示是否积极举债(ALR = 短期借款 + 应付利息 + 应付短期债券 + 应付股利)。然后用预测的银行授信变量 $Creditdum\_hat$ 再次对假设 2 进行检验(结果见表 5.16)。

$$Creditdum_{it} = \alpha + \beta_1 Creditdum_{it-1} + \beta_2 ALR_{it-1} + \beta_3 Cflow_{it-1} + \beta_4 ROA_{it-1}$$
$$+ \beta_5 INV_{it-1} + \beta_6 Size_{it-1} + \beta_7 TobinQ_{it-1} + \beta_8 Age_{it-1} + \varepsilon_{it} \quad (5.11)$$

　　表 5.16 的结果显示,对于投资不足的企业来说,银行授信与政策变量的交叉项的结果显著为负,说明与未获得银行授信的企业相比,获得银行授信的企业在受到强制分红政策影响之后会显著减轻投资不足的程度,表明获得银行授信的企业相比未获得银行授信的企业更少地受到融资约束的困扰,更能显著地增加投资支出。对于过度投资的企业来说,银行授信与政策变量的交叉项的结果显著为正,说明与未获得银行授信的企业相比,获得银行授信的企业加重了过度投资的程度,表明获得银行授信的企业有更严重的委托代理问题,从而增加了过度投资的规模。表 5.16 的结果说明,本章的主要结论不会改变。

表 5.16 内生性检验结果

变量	投资不足	过度投资
$Creditdum\_hat\_Policy$	− 0.00756***	0.00527**
	(− 5.13)	(1.98)
$Policy$	0.00697***	− 0.0111*
	(4.73)	(− 1.88)
$Creditdum\_hat$	− 0.0153***	0.000940
	(− 4.73)	(0.35)
$Cflow$	− 0.0142**	0.00690***
	(− 2.42)	(12.75)
$Size$	− 0.00450***	0.0303**
	(− 14.12)	(2.50)
Age	− 0.000466***	0.000249**
	(− 6.68)	(2.31)
$TobinQ$	0.00180***	0.00154***
	(10.00)	(4.72)
$Boardsize$	− 7.55e − 06	− 0.000251**
	(− 0.12)	(− 2.20)
SOE	0.000473	0.00219*
	(0.66)	(1.82)
$Constant$	0.139***	− 0.123***
	(19.72)	(− 10.35)
观察值	9829	9593
R^2	0.1334	0.0506
$Year$	控制	控制

（三）强制分红政策、银行授信、投资效率与企业价值

根据前面的分析，我们已经证明了强制分红政策与银行授信对投资效率的影响效应，如果能提供更多的证据说明强制分红政策与银行授信对企业投资效率作用机理的话，则更能支持前面的结论。

为此，我们将进行以下分析：企业的价值是否受到强制分红政策、银行授信以及两者带来的投资效率的影响。如果强制分红政策、银行授信对投资效率的影响效应确实存在，那么这些因素也会对投资的结果——企业的价值产生影响。因此，有必要对强制分红政策和银行授信引起的投资效率对企业价值的影

响进行进一步检验。我们采用以下模型进行检验，即检验获得银行授信的企业因强制分红政策而导致的过度投资对于企业价值的影响。

表5.17　　　　　强制分红政策、银行授信、投资与企业价值

变量	投资不足	过度投资
$Creditdum \times Policy \times e$	0.348*	−0.375**
	(1.87)	(−2.02)
$Creditdum \times Policy$	−0.0143*	−0.0150**
	(−1.95)	(−2.05)
$Creditdum \times e$	−0.306*	0.336**
	(−1.83)	(2.03)
$Policy \times e$	0.08	−0.0407
	(1.22)	(−0.62)
$Creditdum$	0.00975	0.0103
	(1.45)	(1.55)
$Policy$	−0.00119	0.0189***
	(−0.32)	(4.41)
e	0.0824	−0.104*
	(1.5)	(−1.89)
$Size$	0.000539	$9.46e-05$
	(0.57)	(0.09)
Age	−0.000393	−0.000372
	(−1.61)	(−1.42)
$Boardsize$	−0.000539***	−0.000455**
	(−2.63)	(−2.18)
$Paydum$	0.0297**	0.0305**
	(2.09)	(1.96)
$Constant$	0.0271	0.0141
	(1.25)	(−1.02)
观察值	6083	5840
R^2	0.0882	0.0871
$Year$	控制	控制
$Industry$	控制	控制

注：对于投资不足，e 代表 $Less$；对于过度投资，e 代表 $Excess$。

从表 5.17 可以看出，由于银行授信能够缓解强制分红政策对投资不足的正向影响，最终降低投资不足的程度，一定程度上提高了企业的投资效率，因此，$Creditdum \times Policy \times e$ 对企业托宾 Q 的影响显著为正，说明获得银行授信的企业受到强制分红政策影响后投资的增加能够增加企业价值。这一结果说明获得银行授信能够帮助企业应对外部政策冲击，更好地抓住投资机会，增加企业价值。另外，由于银行授信能够抵消强制分红政策对于过度投资的正向影响，并最终增加过度投资，因此，$Creditdum \times Policy \times e$ 对企业托宾 Q 的影响显著为负。这一结果说明获得银行授信的企业抵消政策影响后带来的过度投资，最终减少了企业价值。

第六节 本章结论

我国特有的强制分红政策使企业的再融资资格与分红比例严格挂钩，一方面使得企业难以获得外部资金，另一方面减少了企业内部资金。但企业进行积极的流动性管理获得银行授信的行为可以缓解这个政策带来的不利影响。本章研究了强制分红政策的实施对于企业投资量和投资效率的影响，以及获得银行授信的企业与未获得银行授信的企业在面对强制分红政策时的投资行为差异。

关于投资量的实证结果表明：强制分红政策使得企业的投资规模和投资增量减少，但企业获得银行授信可以更少受到政策带来的融资约束的困扰，获得银行授信的企业能够在企业受到政策不利影响时更大幅度地增加投资支出。关于投资效率的实证结果表明：一方面，强制分红政策能够加重投资不足的程度，但获得银行授信的企业在受到强制分红政策影响之后会显著减轻投资不足的程度，说明获得银行授信的企业能够通过增加现金流，更显著地增加投资支出；另一方面，强制分红政策能够减轻过度投资的程度，但获得银行授信的企业在受到强制分红政策影响后加重了过度投资的程度，说明获得银行授信的企业有更严重的委托代理问题，抵消了强制分红政策对过度投资的负向影响，从而增加了过度投资的规模。

　　本章的研究对于政策制定、银行审贷与企业管理者具有一定的启示作用。制定分红政策时，针对内部现金流或者财务情况不同的企业应该区别对待，这样才能更有效地提高政策效果，并最终为企业和投资者带来价值。银行在审核贷款与授信时，也应参考多方面的因素，不应只考虑企业的财务情况，以免造成流动性浪费，带来过度投资。企业管理者应该注重进行财务管理，保有适度的银行授信，增强企业面对不利冲击时的反应能力，更好地实现企业的目标。

第六章
银行授信、财务弹性与过度投资^①

企业进行流动性管理、管理分红行为和投资行为，是为了提高投资效率，最终提升企业业绩。在上两章我们已经分别研究了财务弹性对企业分红行为、银行授信对企业投资行为的影响效应和影响机制，本章我们研究银行授信、财务弹性对于企业过度投资的共同影响。

第一节　问题的提出

近年来，我国经济持续较快增长，银行信贷也一直保持较高的增长态势。尤其是 2008 年国际金融危机以来，在国家"四万亿"投资政策的推动下，自 2008 年 10 月起，金融机构信贷量增速明显加快，当月人民币贷款同比增长 14.58%。从微观的企业层面来说，银行信贷增长和获得银行授信是否会影响企业的投资决策，甚至带来过度投资呢？国内外学者对企业获得银行授信与过度投资的行为进行了研究，如 Boot 等（1987）、Jiménez 等（2009）、Sufi（2009）、Flannery 和 Lockhart（2009）、罗党论等（2012）、应千伟和罗党论（2012）等。以上研究肯定了获得银行授信对于企业流动性的作用；同时，大

---

① 本章基本内容已发表，见刘婷，郭丽虹．银行授信、财务弹性与过度投资［J］．国际金融研究，2015（6）：53–64.

部分研究指出，获得银行授信使委托代理问题和信息不对称问题更加严重，扭曲了企业的投资行为。

也有许多文献研究了保持财务弹性与企业投资的关系（Gamba 和 Triantis，2008；Marchica 和 Mura，2010；陈红兵和连玉君，2013；曾爱民等，2013）。其中大部分研究发现，保持财务弹性对企业投资具有正向影响，并且财务弹性能够影响银行授信对过度投资作用的发挥。首先，财务弹性与银行授信具有一定程度的相互"替代"作用：一方面，企业内部保持较高的流动性能够减少对外部银行授信的使用，进而影响银行授信带来的过度投资程度；另一方面，企业内部保持较高的财务弹性之后会更多地使用银行授信进行投资，而不必将其用于流动性保障等其他用途（Campello 等，2011）。其次，财务弹性的高低会影响企业的流动性状况，较高的流动性更易诱发管理层的过度投资行为，从而使委托代理问题更加严重，因此，保持较高的财务弹性会加剧企业由银行授信引起的委托代理问题。最后，企业内部保持财务弹性能够缓解融资约束，并通过影响企业获得银行信贷的能力而进一步缓解融资约束，这将在一定程度上影响企业获得和使用银行授信的行为。

综上所述，企业内外部流动性对于企业投资行为具有共同影响，而现有文献往往只注重研究银行授信或者财务弹性单一因素对企业投资行为的影响。由此我们提出一个值得思考的问题：在考虑企业财务弹性状况之后，银行授信对企业过度投资的影响会发生怎样的变化呢？本章运用我国 A 股上市公司数据，实证检验了银行授信与财务弹性对企业过度投资的共同影响。同时，为了增强研究结果的稳健性，本章进一步考察了具有财务弹性的企业在获得银行授信后带来的过度投资行为对企业业绩的影响。

本章可能的贡献主要体现在以下几个方面：第一，本章的研究丰富了企业流动性管理与投资的文献。以往文献往往只关注银行授信与过度投资，或者财务弹性与过度投资的关系，较少将企业这两种重要的流动性策略结合起来进行研究，而两种流动性来源都会对企业的投资行为产生影响。本章综合考虑银行授信与财务弹性对企业过度投资的共同影响，进一步丰富了企业流动性管理与过度投资的文献。第二，本章将财务弹性这一内部流动性因素纳入进来可以更好地解释银行授信对过度投资的影响效应和影响机制。企业获得银行授信并不一定能够引起过度投资，只有在保持一定财务弹性的情况下，获得银行授信才能导致过度投资问题同时降低投资效率。本研究提供了与现有的关于银行授信与企业过度投资不一样的经验证据，从而丰富和深化了获得银行授信的经济后果的研究。第三，本章的研究为企业流动性管理提供了建议，企业应注重内外部流动性的综合考量，保持适度的内部与外部流动性对于企业缓解委托代理问题、提高投资效率具有重要意义。银行应该严格审贷，审贷时不应只关注企业的内部流动性等财务状况，还应注重对企业授信等其他情况的全面审查。

本章的结构安排如下：第二节通过理论分析，提出研究假设；第三节介绍数据来源、模型设计与主要变量的描述性统计量；第四节是实证结果分析；第五节是稳健性检验；第六节为研究结论。

第二节　理论分析与假设提出

一、银行授信与过度投资

在完美的资本市场，企业的各种融资方式可以完全替代，资本结构与投资行为无关（Modigliani 和 Miller，1958）。然而，信息不对称（Myers 和 Majluf，1984）和委托代理问题（Jensen 和 Meckling，1976）的存在导致市场是不完美的。企业因为融资带来的信息不对称和委托代理问题可能导致投资行为的不同。同样，企业也会因为获得银行授信导致投资行为的变化。银行授信是指借款者从银行获得的未来一段时间内按照事先约定条款得到贷款的承诺。易宪容（2009）认为，信用扩张不仅会把既有的借贷关系放大，也容易导致既有资源的跨期配置的失误。郭丽虹等（2014）研究发现银行贷款促进了投资增加。

关于获得银行授信与企业过度投资的关系，首先表现为银行授信是否导致委托代理问题。一种观点认为，银行授信约定了利率，因此获得授信可以在一定程度上降低利率，防止经理人由于利率过高而放弃努力，从而减轻委托代理问题（Boot 等，1987）。另一种观点则认为，银行授信使委托代理问题更加严重（Jimenez 等，2009；Sufi，2009；Demiroglu 等，2012）。银行授信可以通过以下三种渠道使委托代理问题更加严重，进而引发过度投资问题：资产替代、过度负债（debt overhang）以及拥有运营能力的私人管理利益。第一，当企业具有外部债务（银行授信）时，由于管理层获得的是企业的看涨期权价值，因此管理层有进行过度投资的冲动。第二，管理层还可以利用具有灵活性的银行授信偿还其他优先级债务，由此导致企业大量增加对负债的利用，从而产生过度投资问题。第三，管理层可能因追求个人权力增大等私利而进行过度投资。罗党论等（2012）、应千伟和罗党论（2012）的实证研究也证明了银行授信能够带来过度投资的问题。另外，银行授信导致的信息不对称也可能引发过度投资。由于银行授信是银行给予的，银行与企业之间的信息不对称、银行规模、风险管理以及银企关系等因素都可能影响企业授信的使用，若银行不能"完美"地监督授信使用，企业就可能利用获得的银行授信进行过度投资（Norden 和 Weber，2010）。Jimenez 等（2009）、Demiroglu 等（2012）的实证研究也在一定程度上说明了这个问题。

综上所述，当企业获得银行授信之后，由于银企之间的信息不对称以及各种委托代理问题，管理层有动机进行过度投资以扩大企业规模，并达到追求个人私利的目的。因此，本章提出：

假设 1：银行授信对过度投资具有正向影响效应。即，在同样的条件下，获得银行授信的企业更容易出现过度投资现象。

二、 银行授信、 财务弹性与过度投资

财务弹性是企业内部流动性较好的代理变量，它反映了企业面对突发状况

和投资机会时能够迅速反应并抓住投资机会的能力，同时代表了企业以低成本获得融资的能力（Andrea，2007）。因此，本章选取财务弹性作为企业内部流动性的代理变量。财务弹性一般表现在企业的现金和财务杠杆两个方面，企业保持充足的现金、较低的财务杠杆可以保证在有投资机会时迅速筹集到资金，同时，持有现金可以减少频繁融资的交易成本和使用高成本外部资金的风险（Miller 和 Modigliani，1961；Myers 和 Majluf，1984），从而使财务弹性对企业而言具有较大的价值。一些关于财务弹性与投资行为的研究均表明，保持财务弹性对于企业投资具有正向的影响（Marchica 和 Mura，2010；Arslan 等，2014；陈红兵和连玉君，2013）。

此外，由于银行授信事先规定了资金的价格和规模，对企业来说，获得银行授信有助于降低其融资成本。目前已有不少学者研究了银行授信与现金在企业流动性管理中的作用（Flannery 和 Lockhart，2009；Lins 等，2010；Campello 等，2011；Chen 等，2014），并证实了现金与银行授信在一定程度上的相互替代关系。也有研究考察了银行授信与财务杠杆的关系，认为低于目标杠杆的企业，获得银行授信可以使企业财务杠杆更快向目标杠杆调整（Lockhart，2014）。在现有的这些研究中，部分文献试图证明银行授信与现金对企业投资的影响。Campello 等（2011）的研究表明，只有当企业现金较为充裕时，才会更多地使用银行授信，此时，银行授信对投资的影响也较大；而当企业现金较少时，银行授信对企业投资的影响也较小，银行授信更多地被用于流动性保障等方面。这可以解释为，当企业不能得到银行授信时，企业将现金存储或者进行投资；而当企业内部现金较多时，其得到的银行授信也较多，更多好的投资机会就可以得以实施。

综合上述分析，我们认为只有在现金较为充裕、财务杠杆较低时，企业才会更多地使用银行授信（包括变现和投资）。企业获得银行授信对过度投资的影响效应会受到内部流动性安排的影响。当企业内部保持充足的财务弹性时，企业没有增强和保持流动性的压力，银行授信对于企业过度投资的影响才会充分显现出来；当企业内部没有充足的流动性时，他们可能将获得的外部授信用作流动性保障，而不会或者较少进行过度投资。

根据上述分析，我们提出：

假设 2：企业的财务弹性状况将会影响银行授信对过度投资的影响效应。相对于没有财务弹性的企业而言，保持财务弹性的企业在获得银行授信后其过度投资程度会更高。

第三节　实证研究设计

一、样本选择与数据来源

本章的授信数据来源于锐思（RESSET）数据库中的借贷明细子数据库，根据这个数据库的公告数据进行手工整理，得到在样本期内获得授信的样本。管理层持股比例数据来源于国泰安（CSMAR）数据库，其余数据来源于锐思数据库。本章样本区间为 2001—2015 年，对样本的筛选原则为：选取 2001—2015 年沪深 A 股上市公司，剔除金融类公司，剔除 ST 等被特殊处理的公司，剔除净资产小于 0 的公司，最终得到 1917 家上市公司共 20908 个数据。为了控制极端值对回归结果的影响，本章对主要变量进行了首尾 1% 的缩尾处理。

二、变量定义

（一）解释变量

1. 银行授信变量。参照应千伟和罗党论（2012）的做法，本章采用了两个指标度量银行授信变量 Credit。第一个指标是企业当年是否获得银行授信，用虚拟变量 Creditdum 表示。若企业当年获得银行授信，Creditdum 为 1，否则为 0。第二个指标是具体授信额度占总资产的比重，用 Loc 表示。由于锐思数据库没有提供详细的授信使用状况的数据，因此本章的 Loc 变量仅采用企业获得的总授信额度来衡量[①]。

2. 财务弹性变量。目前财务弹性的测度方法主要有：现金指标，如 Faulkender 和 Wang（2006）、Harford 等（2008）；财务杠杆指标，如 Byoun（2011）；现金与财务杠杆指标的结合，如 Arslan 等（2014）。另外，有的文献将预测的现金水平与理论的水平进行比较来表示财务弹性（顾乃康等，2011）；还有的文献以实际与预测财务杠杆的偏离程度作为财务弹性的测度标准（Marchica 和 Mura，2010）。就目前来看，保守的财务杠杆策略和持有现金仍被认为是企业获得财务弹性的主要方式（Arslan 等，2014）。

因此，借鉴 Arslan 等（2014）、陈红兵和连玉君（2013）的做法，本章也使用现金与财务杠杆相结合的方式来衡量财务弹性。具体而言，将高现金与低杠杆的企业设置为具有财务弹性企业（$FF=1$），否则为无财务弹性企业（$FF=0$）；并且分别使用现金年度中位数法、年度中位数法、行业中位数法来界定财务弹性，三种方法界定的财务弹性虚拟变量依次记为 $FF1$、$FF2$ 和 $FF3$（与第四章相同）。

（二）因变量

作为因变量的过度投资（$Excess$）用企业实际投资与期望投资之间的偏差来表示。具体测度时，我们依据 Richardson（2006）的模型来度量过度投资，见模型（6.1）。其中残差大于 0 的部分为过度投资，小于 0 的部分为投资不足。本章只研究模型（6.1）中回归残差大于 0 的部分，而不关注投资不足的部分。

在度量过度投资时，借鉴俞红海等（2010）、罗党论等（2012）的做法，在模型（6.1）中考虑投资机会的影响，同时加入现金、债务、企业年龄、企业规模和资产收益率等因素，考虑投资的连续性，采用滞后一期的变量作为解释变量，并控制行业和年度效应，最终选取的模型如下：

——————————

① 罗党论等（2012）、应千伟和罗党论（2012）也采用了相同的方法来衡量授信额度变量。

$$INV_{it} = a_0 + b_1 Growth_{it-1} + b_2 TobinQ_{it-1} + b_3 ROA_{it-1} + b_4 LEV_{it-1}$$

$$+ b_5 Size_{it-1} + b_6 Cash_{it-1} + b_7 Age_{it-1} + b_8 INV_{it-1}$$

$$+ \sum YearIndicator + \sum IndustryIndicator + \varepsilon_{it} \qquad (6.1)$$

其中，$Growth_{it-1}$ 与 $TobinQ_{it-1}$ 分别表示上年营业收入增长和上年托宾 Q，这两个变量代表投资机会。ROA_{it-1} 表示上年度企业的总资产收益率；LEV_{it-1} 表示上年末的资产负债率；$Size_{it-1}$ 表示企业规模；$Cash_{it-1}$ 表示上年末的现金与现金等价物持有量/总资产；Age_{it-1} 表示企业成立年限；INV_{it-1} 表示投资的滞后项。$YearIndicator$ 和 $IndustryIndicator$ 分别表示控制年度与行业虚拟变量。

（三）控制变量

现有文献认为自由现金流与过度投资联系紧密（Richardson，2006），因此我们选取了经营现金流（CF）作为控制变量。同时，还控制了一些公司治理变量，如独立董事比例、董事会规模等（李维安和姜涛，2007；魏明海和柳建华，2007）。此外，也将企业规模、企业年龄与托宾 Q 作为控制变量。所有变量的定义及其含义如表6.1所示。

表6.1　　　　　　　　　　　　变量的定义与含义

变量名称	定义	含义
$Creditdum$	是否获得银行授信	若样本企业当年获得银行授信，则该变量为1，否则为0
Loc	授信额度	样本企业当年获得的授信总额/企业当年末总资产
$Excess$	过度投资	模型（6.1）回归结果中大于0的残差值
FF	是否具有财务弹性	若样本企业为高现金持有且低财务杠杆，则该变量为1，否则为0（分别按现金年度中位数法、年度中位数法、行业中位数法分类，记为 $FF1$、$FF2$、$FF3$）
ROA	总资产利润率	净利润/总资产
$Cash$	现金财务弹性	现金与现金等价物/总资产
LEV	杠杆财务弹性	总负债/总资产
INV	投资支出	购建固定资产、无形资产和其他长期资产支付的现金/总资产
$TobinQ$	托宾 Q	企业的市场价值/资产重置成本
$Growth$	企业成长性	当年营业收入与上年营业收入之比的对数值

变量名称	定义	含义
Age	企业年龄	企业成立年限
Size	企业规模	总资产的对数
CF	经营现金流	经营活动所产生的现金流量净额/总资产
Boardsize	董事会规模	董事会人数
IDR	独立董事比例	独立董事人数占董事会人数的比例

三、 变量的描述性统计

从表6.2我们可以看到，自2001年以来我国A股上市公司中获得授信的比例在逐年上升，到2013年已有547家企业获得授信，比例达到28.1%，银行授信已成为我国上市公司不可忽视的流动性来源。同时具有财务弹性的公司比例也基本呈上升趋势，显示出公司更加注重使用财务弹性工具来管理流动性。

表6.2　　　获得银行授信和具有财务弹性的样本公司数量的年度统计　　单位：家

年份	公司数量	没有获得授信的公司数量	获得授信的公司数量	获得授信的公司比例	有财务弹性的公司数量	有财务弹性的公司比例
2001	954	744	210	0.22	379	0.51
2002	1016	954	62	0.061	485	0.508
2003	1076	999	77	0.072	490	0.49
2004	1161	1135	26	0.022	533	0.47
2005	1157	1033	124	0.107	493	0.477
2006	1188	1040	149	0.125	490	0.471
2007	1322	1092	230	0.174	526	0.482
2008	1401	1097	304	0.217	534	0.487
2009	1454	1115	339	0.233	536	0.481
2010	1692	1299	393	0.232	633	0.487
2011	1841	1364	477	0.259	657	0.482
2012	1940	1401	539	0.278	689	0.492
2013	1947	1400	547	0.281	696	0.497
2014	1828	1318	510	0.279	671	0.509
2015	1828	1298	530	0.29	663	0.511

主要变量的描述性统计量见表6.3。银行授信虚拟变量（*Creditdum*）的均值为0.199，银行授信额度变量（*Loc*）的均值为0.077，过度投资变量（*Excess*）的均值为0.034，财务弹性变量（*FF*1、*FF*2、*FF*3）的均值分别为0.499、0.424和0.499，总资产利润率（*ROA*）的均值为0.035，杠杆财务弹性（*LEV*）的均值为0.471，现金财务弹性（*Cash*）的均值为0.164，投资支出（*INV*）的均值为0.059，托宾Q（*TobinQ*）的均值为1.841，企业年龄（*Age*）的均值为13.298，企业规模（*Size*）的均值为21.712，经营现金流（*CF*）的均值为0.046，董事会规模（*Boardsize*）的均值为11.891。变量的其他统计结果见表6.3。

最后，我们分别按照是否获得银行授信与是否具有财务弹性分组，对主要变量进行了 *T* 检验，结果见表6.4。

表6.3 主要变量的描述性统计

变量	平均值	最小值	25%分位数	50%分位数	75%分位数	最大值	标准差
Creditdum	0.199	0	0	0	0	1	0.399
Loc	0.077	0	0	0	0	1.45	0.444
Excess	0.034	0	0.0005	0.018	0.05	0.249	0.043
*FF*1	0.499	0	0	0	1	1	0.5
*FF*2	0.424	0	0	0	1	1	0.499
*FF*3	0.499	0	0	0	1	1	0.499
ROA	0.035	−0.273	0.012	0.033	0.061	0.196	0.058
LEV	0.471	0.057	0.321	0.477	0.623	0.898	0.201
Cash	0.164	0.006	0.072	0.126	0.216	0.986	0.132
INV	0.059	0.0002	0.017	0.042	0.083	0.269	0.057
TobinQ	1.841	0.188	0.764	1.348	2.303	11.185	1.693
Age	13.298	1	9	13	17	69	6.328
Size	21.712	19.006	20.863	21.573	22.399	25.276	1.214
CF	0.046	−0.202	0.005	0.046	0.091	0.494	0.081
Boardsize	11.891	1	9	11	14	45	4.255

表6.4   分组样本的 *T* 检验结果

变量	无弹性	有弹性	*T*	无授信	有授信	*T*
Excess	0.0363	0.0319	5.06***	0.033	0.038	−3.77***
Creditdum	0.193	0.203				
*FF*1				0.49	0.51	−1.80
*FF*2				0.48	0.50	−1.55
*FF*3				0.50	0.49	0.59
CF	0.037	0.056	−17.56***	0.048	0.037	8.14***
Size	22.08	21.34	46.96***	21.70	21.755	−2.66**
Age	14.17	12.43	20.47***	13.247	13.505	−2.41**
TobinQ	1.29	2.39	−51.25***	1.827	1.898	−2.479**
Boardsize	12.55	11.23	23.03***	12.001	11.451	7.598**

四、 模型构建

基于上述分析，根据应千伟等（2012）的研究，本章构建的回归模型如下：

$$Excess_{it} = \alpha + \beta_1(Credit_{it}) + \beta_2(Control_{it}) + \sum YearIndicator$$

$$+ \sum IndustryIndicator + \varepsilon_{it} \tag{6.2}$$

$$Excess_{it} = \alpha + \beta_1 Creditdum_{it} + \beta_2 FF_{it} + \beta_3(Creditdum_{it} \times FF_{it})$$

$$+ \beta_4(Control_{it-1}) + \sum YearIndicator$$

$$+ \sum IndustryIndicator + \varepsilon_{it} \tag{6.3}$$

$$Performance_{it} = \alpha + \beta_1 Creditdum_{it-1} + \beta_2 FF_{it-1} + \beta_3 Excess_{it-1}$$

$$+ \beta_4(Creditdum \times FF \times Excess_{it-1}) + \beta_5(Control_{it-1})$$

$$+ \sum YearIndicator + \sum IndustryIndicator + \varepsilon_{it} \tag{6.4}$$

我们使用模型（6.2）检验假设1。其中，*Credit* 为银行授信变量，在回归中分别使用了是否获得银行授信 *Creditdum* 和获得授信的额度 *Loc* 两个指标。

使用模型（6.3）检验假设2，*FF* 为财务弹性变量，分别使用均值法、年度均值法、年度中位数法来界定企业的财务弹性状况，交叉项为 *Creditdum* 与 *FF* 的乘积。为了进一步检验假设2，我们将样本按照是否具有财务弹性分组，并基于模型（6.2）进行分组检验。模型（6.4）中的 *Performance* 变量为 *ROA*。根据 hausman 检验结果，我们便用固定效应模型进行回归分析，同时控制行业效应和年度效应。

第四节　实证结果分析

一、 银行授信对过度投资的影响

我们首先考察企业是否获得银行授信以及获得的授信额度对企业过度投资的影响，结果见表6.5。模型（1）、（2）的结果显示，获得银行授信对过度投资的影响显著为正，表明企业获得银行授信将会导致过度投资的增加，这与罗党论等（2012）的研究结论一致。这一结果验证了假设1，意味着银行授信对过度投资具有显著的推动效应。由于委托代理问题和信息不对称问题的存在，获得银行授信往往会导致过度投资的现象。这也在一定程度上反映了我国上市公司滥用授信的情况比较突出，并从一个侧面说明了银行审贷不严格，信贷资金分配不合理。模型（3）、（4）的结果表明授信额度的多少对企业过度投资的影响并不显著，这可能是因为对企业投资决策影响更为重要的是企业能否获得银行授信，而在已经获得授信后，具体额度的影响则相对较弱，授信额度的多少主要是反映企业对授信额度需求程度的不同，不一定对企业投资效率产生影响。

控制变量中经营现金流（*CF*）均较为显著，这与现有的研究结论一致，说明企业现金流越多，过度投资也就越多。企业规模（*Size*）、企业年龄（*Age*）、董事会规模（*Boardsize*）等变量都在一定程度上具有显著性，不过独立董事比例（*IDR*）与托宾 *Q*（*TobinQ*）的结果并不显著。

表 6.5 银行授信对过度投资的影响

变量	全样本		获得授信的样本	
	（1）	（2）	（3）	（4）
$Creditdum_{it}$	0.00414***	0.00452***		
	（3.77）	（4.01）		
Loc_{it}			0.000541	0.000525
			（0.54）	（0.53）
$Size_{it}$	0.00267***	0.00218***	0.00271**	0.00282**
	（6.40）	（4.80）	（2.20）	（2.14）
Age_{it}	0.000201***	0.000137*	$-5.11e-05$	$-8.04e-06$
	（2.86）	（1.84）	（-0.26）	（-0.04）
$Cflow_{it}$	0.0688***	0.0761***	0.0732***	0.0726***
	（12.68）	（12.70）	（5.14）	（5.02）
$TobinQ_{it}$	$2.67e-05$	-0.000187	0.00104	0.00103
	（0.08）	（-0.52）	（1.24）	（1.20）
$Boardsize_{it}$		0.000395***		-0.000121
		（3.40）		（-0.37）
IDR_{it}		$1.47e-05$		$7.24e-05$
		（0.32）		（0.65）
SOE_{it}		0.000798		-0.000271
		（0.81）		（-0.11）
$Constant$	$-0.0607***$	$-0.0548***$	$-0.0636**$	$-0.0638**$
	（-6.52）	（-5.52）	（-2.23）	（-2.10）
$Year$	控制	控制	控制	控制
观察值	9711	9125	1851	1831
R^2	0.0976	0.0709	0.0203	0.0127

注：根据模型（6.2）计算所得。括号内为变量的 z 值。

二、 银行授信、 财务弹性对过度投资的影响

在考虑企业财务弹性这一内部流动性状况的基础上，银行授信对于过度投资的影响又会发生怎样的变化呢？ 为此，我们使用银行授信与财务弹性的交叉

项来检验其对过度投资的综合影响，$Creditdum\_FF$ 为获得授信的虚拟变量与财务弹性虚拟变量的交叉项。具体的回归结果见表6.6。

表6.6 银行授信、财务弹性对过度投资的共同影响

变量	FF1	FF2
	(1)	(2)
$Creditdum\_FF_{it}$	0.00564***	0.00512**
	(2.6)	(2.36)
FF_{it}	−0.00467***	−0.00407***
	(−4.37)	(−3.81)
$Creditdum_{it}$	0.00177	0.00199
	(1.17)	(1.29)
$Size_{it}$	0.00191***	0.00194***
	(4.15)	(4.20)
Age_{it}	$9.36e-05$	$9.93e-05$
	(1.25)	(1.32)
IDR_{it}	$1.58e-05$	$1.68e-05$
	(0.35)	(0.37)
CF_{it}	0.0786***	0.0783***
	(13.07)	(13.01)
$TobinQ_{it}$	0.000111	$5.75e-05$
	(0.3)	(0.16)
$Boardsize_{it}$	0.000361***	0.000370***
	(2.98)	(3.06)
SOE_{it}	0.000841	0.000841
	(0.85)	(0.85)
$Constant$	−0.0469***	−0.0478***
	(−4.64)	(−4.73)
$Year$	控制	控制
观察值	9125	9125
R^2	0.0722	0.0718

注：根据模型（6.3）计算所得。括号内为变量的 z 值。

从表6.6中的（1）、（2）可以看出，银行授信虚拟变量与财务弹性虚拟变量的交叉项对过度投资具有显著的正向影响效应，说明同时拥有财务弹性和银行授信的企业会产生过度投资的冲动，而且有财务弹性的企业在获得银行授信后会加重过度投资程度，这验证了假设2。上述结果表明，企业获得银行授信对过度投资的影响效应和机制会受到企业内部流动性状况的影响，企业保持财务弹性对于"授信的过度投资"效应具有"加强"作用。企业保持财务弹性之后，管理层不再有保持流动性的压力，获得授信则会刺激管理层的过度投资行为，使过度投资问题更加严重。因此，企业在进行流动性管理时，应将内外部流行性管理结合起来，同时制定财务弹性目标与银行信贷数量目标，保持适度的总体流动性，防止出现投资效率下降的问题。

第五节　稳健性检验

一、分组检验

为了进一步考察银行授信与财务弹性对过度投资的影响效应，我们按照企业是否具有财务弹性进行分组检验（见表6.7）。

表6.7　银行授信、财务弹性对过度投资的影响（按是否具有财务弹性分组）

变量	FF1		FF2	
	有弹性组	无弹性组	有弹性组	无弹性组
	（1）	（2）	（3）	（4）
$Creditdum_{it}$	0.00734***	0.00202	0.00732***	0.00217
	(4.52)	(1.21)	(4.52)	(1.31)
$Size_{it}$	0.00271***	0.00269***	0.00278***	0.00265***
	(3.60)	(3.54)	(3.69)	(3.55)
Age_{it}	$7.26e-05$	$-6.13e-05$	$6.10e-05$	$-4.61e-05$
	(0.64)	(−0.43)	(0.53)	(−0.33)

续表

变量	FF1		FF2	
	有弹性组	无弹性组	有弹性组	无弹性组
	（1）	（2）	（3）	（4）
Idr_{it}	$-1.24e-05$	$6.37e-05$	$-5.66e-07$	$5.07e-05$
	(-0.19)	(0.93)	(-0.01)	(0.74)
CF_{it}	0.0678^{***}	0.0732^{***}	0.0710^{***}	0.0717^{***}
	(7.74)	(8.6)	(8.12)	(8.41)
$TobinQ_{it}$	-0.000403	0.00173^{***}	-0.000641	0.00195^{***}
	(-0.84)	(2.76)	(-1.32)	(3.15)
$Hhi10_{it}$	-0.00765	-0.0120^{**}	-0.0104^{**}	-0.0100^{*}
	(-1.46)	(-2.15)	(-1.99)	(-1.82)
$Boardsize_{it}$	0.000826^{***}	$6.90e-05$	0.000798^{***}	$8.26e-05$
	(4.53)	(0.41)	(4.37)	(0.49)
$Constant$	-0.0658^{***}	-0.0607^{***}	-0.0660^{***}	-0.0611^{***}
	(-4.12)	(-3.70)	(-4.13)	(-3.79)
$Year$	控制	控制	控制	控制
观察值	4274	4851	4352	4773
R^2	0.0795	0.0762	0.0878	0.0915

注：根据模型（6.2）计算所得。括号内为变量的 z 值。

从表 6.7 的结果可知，与不具有财务弹性的企业组相比，具有财务弹性的企业获得银行授信将对过度投资产生更为显著的正向影响效应，也就是说，企业在保持财务弹性之后，会更多地利用获得的授信进行过度投资。而企业在没有财务弹性的情况下，获得银行授信对过度投资的影响不再显著，即企业在没有财务弹性的情况下，可能将获得的银行授信用于流动性保障等方面。这进一步验证了假设 2，说明分组检验并不会改变本章的主要结果。

二、 财务弹性指标的度量

我们改变财务弹性变量的取值来进行稳健性检验。具体来说，对于 $FF3$，当企业的现金高于行业中位数及财务杠杆低于行业中位数时，财务弹性的虚拟变量取值为 1（即 $FF3 = 1$），否则为 0（即 $FF3 = 0$）。对于 $FF4$，根据企业现金均值来区分企业是否拥有财务弹性，当企业手持现金高于均值时，财务弹性的虚拟变量取值为 1（即 $FF4 = 1$），否则为 0（即 $FF4 = 0$）。由表 6.8 结果可以看出，与不具有财务弹性的企业组相比，具有财务弹性的企业获得银行授信将对过度投资产生更为显著的正向影响效应，说明同时拥有财务弹性和银行授信的企业会产生过度投资的冲动，而且有财务弹性的企业在获得银行授信后会加重过度投资程度，企业获得银行授信对过度投资的影响效应和机制会受到企业内部流动性状况的影响，企业保持财务弹性对于"授信的过度投资"效应具有"加强"作用。企业保持财务弹性之后，管理层不再有保持流动性的压力，获得授信则会刺激管理层的过度投资行为，使过度投资问题更加严重。改变财务弹性指标的度量方法并不会影响本章的主要实证结果。

表 6.8　授信、财务弹性对过度投资的影响（改变财务弹性划分指标）

变量	FF4		FF3	
	有弹性组	无弹性组	有弹性组	无弹性组
	（1）	（2）	（3）	（4）
$Creditdum_{it}$	0.0102***	0.00207	0.00686***	0.00261
	（5.43）	（1.42）	（4.26）	（1.57）
$Size_{it}$	0.00262***	0.00215***	0.00209***	0.00287***
	（2.78）	（3.25）	（2.77）	（3.85）
Age_{it}	$6.34e - 05$	$- 0.000154$	0.000102	$- 0.000115$
	（0.47）	（－1.27）	（0.91）	（－0.83）
Idr_{it}	$2.29e - 05$	$6.90e - 06$	$- 6.89e - 05$	0.000107
	（0.31）	（0.11）	（－1.05）	（1.58）
CF_{it}	0.0613***	0.0754***	0.0680***	0.0750***
	（6.50）	（9.77）	（8.06）	（8.64）

续表

变量	FF4		FF3	
	有弹性组	无弹性组	有弹性组	无弹性组
	（1）	（2）	（3）	（4）
$TobinQ_{it}$	− 0.000796	0.00205***	− 8.05e − 05	0.00160***
	（− 1.51）	（3.91）	（− 0.17）	（2.58）
$Hhi10_{it}$	− 0.0162***	− 0.00759	− 0.0108**	− 0.00823
	（− 2.63）	（− 1.55）	（− 2.12）	（− 1.46）
$Boardsize_{it}$	0.000819***	0.000149	0.000897***	− 2.80e − 05
	（3.77）	（0.98）	（5.11）	（− 0.16）
$Constant$	− 0.0611***	− 0.00377	− 0.0526***	− 0.0653***
	（− 3.03）	（− 3.57）	（− 3.29）	（− 4.06）
$Year$	控制	控制	控制	控制
观察值	2657	6468	4219	4906
R^2	0.1118	0.0809	0.1054	0.0807

注：根据模型（6.3）计算所得。括号内为变量的 t 值。

三、 加入宏观变量

企业的投资行为能够受到宏观经济变量的影响，因此，接下来，我们加入宏观 GDP 变量（年度 GDP 变量的自然对数）进行验证。表 6.9 的实证结果显示，加入宏观 GDP 变量之后，本章的主要结论并不会改变。

表 6.9　　　　银行授信、财务弹性与过度投资（加入宏观变量）

变量	年度均值法	年度中位数法	行业中位数法
	（1）	（2）	（3）
$Creditdum\_FF_{it}$	0.00318	0.00270	0.00634**
	（1.27）	（1.08）	（2.2）
FF_{it}	− 0.000237	0.000432	− 0.00515***
	（− 0.18）	（0.32）	（− 3.43）
$Creditdum_{it}$	0.000425	0.000618	0.000296
	（0.24）	（0.35）	（0.19）

续表

变量	年度均值法	年度中位数法	行业中位数法
	（1）	（2）	（3）
$Size_{it}$	0.00166**	0.00171***	0.00140**
	(2.53)	(2.60)	(2.15)
Age_{it}	−0.000317***	−0.000311***	−0.000343***
	(−2.67)	(−2.62)	(−2.92)
ldr_{it}	4.19e−05	4.16e−05	4.38e−05
	(0.71)	(0.71)	(0.75)
CF_{it}	0.0535***	0.0531***	0.0557***
	(7.18)	(7.14)	(7.50)
$TobinQ_{it}$	0.00181***	0.00177***	0.00205***
	(3.88)	(3.80)	(4.40)
$Boardsize_{it}$	1.94e−06	7.29e−06	−1.94e−05
	(0.01)	(0.05)	(−0.12)
SOE_{it}	−0.00324**	−0.00323**	−0.00324**
	(−2.15)	(−2.15)	(−2.17)
GDP_{it}	0.650***	0.651***	0.653***
	(6.07)	(6.08)	(6.11)
Constant	−0.0484**	−0.0499**	−0.0416**
	(−2.48)	(−2.55)	(−2.16)
Year	控制	控制	控制
观察值	7353	7353	7353
R^2	0.0439	0.0441	0.0437

注：根据模型（6.3）计算所得。加入 GDP 作为控制变量。括号内为变量的 t 值。

四、 改变过度投资度量指标

参考江轩宇和许年行（2015）等的做法，我们改变过度投资变量的取值，具体而言，当模型（6.1）的残差大于 0 时，企业的过度投资水平为残差值，当残差值小于 0 时，企业过度投资水平都为 0。表 6.10 的结果显示，这不会改变本章的主要结论。

表 6.10   银行授信、财务弹性与过度投资——改变过度投资变量

变量	年度均值法	年度中位数法	行业中位数法
	（1）	（2）	（3）
$Creditdum\_FF_{it}$	0.00217*	0.00194*	0.00216*
	（1.88）	（1.68）	（1.79）
FF_{it}	−0.00220***	−0.00193***	−0.00595***
	（−3.61）	（−3.18）	（−9.56）
$Creditdum_{it}$	0.00177**	0.00188**	0.00209***
	（2.06）	（2.17）	（2.79）
$Size_{it}$	0.00341***	0.00343***	0.00321***
	（10.77）	（10.83）	（10.37）
Age_{it}	−1.09e−05	−7.90e−06	−5.33e−05
	（−0.18）	（−0.13）	（−0.89）
Idr_{it}	3.93e−05	3.93e−05	4.01e−05
	（1.48）	（1.48）	（1.52）
CF_{it}	0.0428***	0.0427***	0.0451***
	（14.31）	（14.27）	（15.11）
$TobinQ_{it}$	0.000515***	0.000499***	0.000702***
	（2.67）	（2.59）	（3.66）
$Boardsize_{it}$	7.24e−06	9.33e−06	−1.14e−05
	（0.10）	（0.13）	（−0.16）
SOE_{it}	−0.000101	−0.000113	−0.000178
	（−0.14）	（−0.16）	（−0.25）
$Constant$	−0.0735***	−0.0741***	−0.0679***
	（−10.58）	（−10.66）	（−10.01）
$Year$	控制	控制	控制
观察值	20908	20908	20908
R^2	0.0170	0.0169	0.0186

注：根据模型（6.3）计算所得。括号内为变量的 t 值。

五、 银行授信、 财务弹性、 过度投资与企业业绩

根据前面的分析, 我们已经证明了银行授信和财务弹性对过度投资的影响效应。如果能提供更多的证据说明银行授信和财务弹性对企业投资效率作用机理的话, 则能进一步支持前面的结论。

为此, 我们将进行以下分析: 企业的业绩是否受到银行授信、财务弹性以及两者带来的过度投资的影响。如果银行授信、财务弹性对过度投资的影响效应确实存在, 那么这些因素也会对投资的结果——企业绩效产生影响。因此, 有必要对银行授信和财务弹性引起的过度投资行为对企业业绩的影响进行进一步检验。我们采用模型 (6.4) 进行检验, 即检验保持财务弹性的企业因获得银行授信而导致的过度投资对于企业业绩的影响。从表 6.11 可以看出, $Creditdum\_FF \times Excess$ 对企业财务绩效的影响显著为负, 说明同时具有财务弹性和银行授信的企业进行过度投资将对其财务业绩产生显著的负面影响。这一结果说明因财务弹性和银行授信所造成的过度投资将会导致企业业绩的下降, 同时也进一步表明企业流动性管理的重要性。

表 6.11　　　　　银行授信、财务弹性、过度投资与企业业绩

变量	年度均值法	年度中位数法	行业中位数法
$Creditdum\_FF \times Excess_{it}$	− 0.0497	− 0.0854**	− 0.0545*
	(− 1.58)	(− 2.12)	(− 1.72)
FF_{it}	0.0251***	0.0228***	0.0258***
	(22.27)	(19.23)	(22.87)
$Creditdum_{it}$	− 0.00229	− 0.00238*	− 0.00205
	(− 1.64)	(− 1.76)	(− 1.47)
$Excess_{it}$	0.0427***	0.0591***	0.0447***
	(3.73)	(5.20)	(3.90)
$Size_{it}$	0.000479	− 0.000668	0.000544
	(0.88)	(− 1.24)	(1.00)

续表

变量	年度均值法	年度中位数法	行业中位数法
Age_{it}	7.19e − 05	2.43e − 05	7.85e − 05
	(0.64)	(0.21)	(0.70)
$Boardsize_{it}$	− 0.000350***	− 0.000429***	− 0.000382***
	(− 2.97)	(− 3.24)	(− 2.91)
$Paydum_{it}$	0.0300***	0.0310***	0.0299***
	(27.84)	(28.75)	(27.83)
$Constant$	− 0.0135	0.0137	− 0.0156
	(− 1.18)	(1.21)	(− 1.36)
$Year$	控制	控制	控制
观察值	9674	9674	9674
R^2	0.1299	0.1227	0.1323

注：根据模型（6.4）计算所得。括号内为变量的 t 值。

第六节　本章结论

面对近年来银行信贷不断扩张的现实，人们在看到 GDP 迅猛增长的同时，也普遍关注银行信贷扩张是否带来一定的浪费与过度投资现象。银行授信是企业的外部流动性来源，企业获得银行授信对投资行为的影响实际上会受到企业财务弹性这一内部流动性状况的影响。因此，本章重点研究了银行授信这一外部流动性因素和财务弹性这一内部流动性因素对企业过度投资的共同影响效应，同时还考察了银行授信与财务弹性对过度投资的综合影响是否有利于提升企业业绩。

本章的实证研究显示，银行授信对过度投资具有正向的影响效应。而且，与没有财务弹性的企业相比，具有财务弹性的企业获得银行授信将会导致过度投资的增加，这可能是由于具有财务弹性的企业不再面临流动性压力，从而将授信用于扩大投资规模并导致过度投资问题。同时，保持财务弹性的企业获得银行授信之后带来的过度投资将会引起企业业绩的下降，这说明财务弹性和银行授信的结合确实会带来一定的委托代理问题，由此引起的过度投资行为会导致投资效率下降，最终带来企业业绩的恶化。

本章的研究结论对于企业管理者和银行具有重要的启示作用。本章揭示了保持财务弹性和获得银行授信有可能带来一定不好的影响——企业过度投资和资源配置效率的下降。一方面，企业管理者在制定财务政策时应该充分自主决策，综合考量内外部流动性策略安排，保持适度的内外部流动性，以防止投资效率的下降，提高企业的资源配置效率。另一方面，银行在审贷时应该根据市场行为自主决策，不应只关注企业的财务指标，尤其是不能完全依据企业的内部流动性状况作出贷款决策，防止由于内外部流动性过剩带来的企业过度投资问题。同时，银行在企业获得授信的期间，也应该加强贷后监督管理，尽量减少信息不对称带来的影响，防止企业滥用银行授信过度投资。总之，企业和银行应该增强自主决策的能力，充分发挥自身在资源配置中的作用，提升资源配置效率。

第七章
结论建议与研究展望

党的十八大报告提出，全面深化经济体制改革。深化经济体制改革必须发挥市场主体的能动性。企业是市场重要的参与主体，深化经济体制改革需要大力发挥企业的市场主体作用。对于企业来说，提高资源配置效率，更好地实施投资行为、分红行为，提升投资效率，从而增加业绩、提高价值是重要的发展目标。因此，本书研究了企业发挥能动作用，即进行银行授信和财务弹性的流动性管理行为，能够对企业的资源配置行为产生何种影响，从而为企业更好地管理银行授信和财务弹性、更好地进行资源配置提供建议。

第一节　主要结论

本书从相关理论研究和文献入手，分析了我国企业获得银行授信、财务弹性以及资源配置（投资、分红）现状，并以1998—2015年我国沪深A股上市公司为研究对象，采用多种面板数据回归方法实证检验了上市公司获得银行授信、财务弹性对资源配置的影响效应，在此基础上，提出了我国上市公司进行银行授信、财务弹性管理的合理政策建议。同时，本书的研究也在理论上丰富了关于银行授信后果、企业内外部流动性管理与投资效率、企业如何进行流动性管理以应对政策冲击的理论研究。

本书得到了以下研究结论。

一、 关于银行授信、 财务弹性与企业资源配置现状

实证研究显示，我国获得银行授信的企业规模和比例基本呈现逐年增长的趋势，说明企业获得银行授信的意识在增强。保持财务弹性的企业数量在增强，比例却呈现上下波动的趋势。企业的投资增量和规模上下波动，分红行为受到强制分红政策的影响也不断波动中，企业的投资效率也不断波动变化。企业的投资与融资行为受到多种因素的影响处于不断发展变化中。

二、 关于财务弹性与企业分红行为

企业的财务弹性安排会影响强制分红政策对于企业分红行为作用的发挥。本书运用我国 A 股上市公司数据，实证检验了强制分红政策与财务弹性对企业分红行为的共同影响。同时，为了进一步增强研究结果的稳健性，本书进一步考察了具有财务弹性的企业在强制分红政策影响下的分红行为对于企业价值的影响。本书的实证结果表明，强制分红政策显著提高了企业的派现意愿和派现水平。与未保持财务弹性的企业相比，保持财务弹性的企业在强制分红政策的影响下能够更加显著地提高派现意愿和派现水平，并且这种作用在强政策期表现更为明显，这可能是由于保持财务弹性的企业不再面临流动性压力，从而更容易满足强制分红政策的要求。同时，保持财务弹性的企业因强制分红政策影响带来的分红将会引起企业业绩的提升，这说明保持一定的财务弹性有利于增强企业应对政策冲击的能力，有效地调整其分红行为，并且有助于提升企业业绩。

三、 关于银行授信与企业投资行为

本书研究了强制分红政策下不同融资约束的企业获得银行授信与投资行为的关系。研究结果表明：在强制分红政策影响下，企业的投资增量和投资规模会减少。但获得银行授信能够缓解这一趋势。获得银行授信的企业能够在企业

受到政策不利影响时更大幅度地增加投资支出。这些发现支持了以下观点：当遭遇不利冲击使得现金流短缺时，获得银行授信的行为能增强企业在不利冲击中把握投资机会的能力，增加企业的价值。

强制分红政策的发布加重了投资不足的程度，但事先获得银行授信可以缓解投资不足的程度，并最终带来企业价值的提升，这种作用在规模较小、民营企业等自由现金流较少的企业中尤为显著。另外，强制分红政策的发布能够减少过度投资的规模，但事先获得银行授信却能够减少政策对过度投资的负向影响并带来过度投资的增加，最终带来企业价值的减少，这种作用在规模较大、国有企业等自由现金流较多的企业中尤为显著。

四、 关于银行授信、 财务弹性与过度投资

企业内外部流动性对于企业投资行为具有共同影响，笔者运用我国 A 股上市公司数据，实证检验了银行授信与财务弹性对企业过度投资的共同影响。同时，为了增强研究结果的稳健性，本书进一步考察了具有财务弹性的企业在获得银行授信后带来的过度投资行为对企业业绩的影响。本书的实证研究显示，银行授信对过度投资具有正向的影响效应。而且，与没有财务弹性的企业相比，具有财务弹性的企业获得银行授信将会导致过度投资的增加，这可能是由于具有财务弹性的企业不再面临流动性压力，从而将授信用于扩大投资规模并导致过度投资问题。同时，保持财务弹性的企业获得银行授信之后带来的过度投资将会引起企业业绩的下降，这说明财务弹性和银行授信的结合确实会带来一定的委托代理问题，由此引起的过度投资行为会导致投资效率下降，最终带来企业业绩的恶化。

第二节 相关政策建议

本书从上市公司的视角入手，试图研究企业的银行授信、财务弹性管理行

为会对企业的资源配置行为产生何种影响，为企业流动性管理、银行审贷、政府监管提供一定的建议。

一、 对企业的建议

本书的研究为企业流动性管理提供了建议，企业应注重内外部流动性的综合考量，保持适度的内部与外部流动性对于企业缓解委托代理问题、提高投资效率具有重要意义。企业进行内外部流动性管理，事先获得银行授信或者保持财务弹性将对企业的投资、分红乃至业绩产生重要的积极影响。当面临政策冲击时，企业若事先保有银行授信或者保持财务弹性有利于企业缓解融资约束，提高投资水平和分红水平。但是，过多的流动性不仅浪费成本，更带来过度投资和投资效率的下降。积极的流动性管理行为不仅仅包括保有流动性，更表现在保有适度的流动性。保有适度的银行授信和财务弹性才有利于企业资源配置效率的提高。

强制分红政策对派现的影响受到企业内部流动性状况的影响，企业保持财务弹性对于"强制分红政策带来派现增加"的效应具有"加强"作用。企业保持财务弹性之后，管理层不再有保持流动性的压力，强制分红政策的效果更为显著。这也从另一个侧面说明，企业事先进行流动性管理有利于应对政策环境变化带来的压力。强制分红政策的出台一方面加重了企业投资不足的程度，另一方面减轻了企业过度投资的规模，但事先获得银行授信能够抵消政策带来的影响，并最终减轻投资不足的程度同时加重过度投资的程度。因此，不同特征的企业应该采取不同的财务政策。

企业获得银行授信对过度投资的影响效应和机制会受到企业内部流动性状况的影响，企业保持财务弹性对于"授信的过度投资"效应具有"加强"作用。企业保持财务弹性之后，管理层不再有保持流动性的压力，获得银行授信则会刺激管理层的过度投资行为，使过度投资问题更加严重。因此，企业在进行流动性管理时，应将内外部流行性管理结合起来，同时制定财务弹

性目标与银行信贷数量目标，保持适度的总体流动性，防止出现投资效率下
降的问题。

二、 对银行的建议

对于银行来说，应该严格审贷，不应只看企业的内部流动性状况就同意贷
款。若只注重企业的内部流动性状况，更有可能导致投资效率的低下、增加过
度投资。银行审贷时更应该注重对企业情况的全面考察。

银行审贷也应该考虑不同的政策条件背景。在受到政策冲击时，规模较小
企业、民营企业等由于现金流较少，因此若能获得外部授信，能够缓解内部现
金流不足的情况，缓解投资不足的情况，提高投资效率。但对于规模较大企
业、国有企业等却会因为获得外部授信加重过度投资。而现实中，相比规模较
大企业、国有企业，规模较小企业、民营企业往往更加难以获得银行授信，这
往往会导致企业投资效率的下降。因此，银行审贷时应该全面综合考虑政策、
现金流等情况。

三、 对金融监管机构的建议

企业积极的流动性管理和银行更为市场化的审贷流程促使金融监管机构进
行更为有效的监管。强制分红政策是我国金融市场不完善时期的特殊政策，随
着我国企业的不断发展和企业管理水平的不断上升，企业应该会逐渐自主制定
科学的分红政策，强制分红政策的影响应该会逐渐减弱。

针对不同类型的企业，金融监管机构可以制定有差别的政策。我们的研究
发现，强制分红政策的出台一方面加重了企业投资不足的程度，另一方面减少
了企业过度投资的规模，但事先获得银行授信能够抵消政策带来的影响，并最
终减轻投资不足的程度同时加重过度投资的程度。本书的研究表明了强制分红
政策对企业投资效率的影响会受到流动性状况的影响，因此，监管机构在制定
政策时应考虑不同企业的财务状况。

第三节　研究展望

一、　研究不足

本书的研究还存在一些不足，需要在以后的研究中继续深入：

第一，本书虽然以流动性管理与企业资源配置为研究基础，但只是以其中具体的银行授信、财务弹性变量为研究内容。流动性管理与资源配置理论的研究是有重要影响和意义的，以后会继续对相关领域进行更为深入的研究。本书也并未对银行授信、财务弹性与资源配置的每个方面进行研究，这主要是考虑到研究意义的缘故。很难想象企业会使用授信额度进行分红，因此，未介绍这些内容。

第二，考虑到研究意义和篇幅的限制，本书并未对获得银行授信或者保持财务弹性对企业资源配置每个方面的影响进行深入研究，而是根据目前的研究现状选取最有研究意义和价值的方面进行了研究。

第三，关于企业获得银行授信的数据，目前企业并没有公开披露已使用和未使用的授信额度数据，但对于这方面的研究是非常有意义和价值的。随着企业公开披露数据的日益细化和完善，对于这方面的研究应该继续。

第四，公司金融研究中内生性问题是经常出现的，本书在研究中试图通过取滞后期变量、寻找工具变量等方法对内生性问题进行规避，但并不能完全消除内生性的影响，希望能在以后的研究中寻找更好的方法来规避内生性问题。

二、　研究展望

根据以上研究不足，未来可以在以下方面继续研究：

第一，还可以继续寻找流动性管理或者资源配置中具体的研究变量进行深入研究，以增加新的研究视角，从整体上加深对流动性管理与资源配置方面的研究。

第二，可以继续深入研究银行授信、财务弹性的影响效应和机制，本书虽然已经作了一些研究，但在研究的深度和广度上还有待完善。比如，随着银行授信数据披露的逐步完善，尤其可以增加对已使用与未使用的银行授信对企业投资影响方面的研究。

第三，随着计量经济学的逐步发展，可能有新的能够较好解决内生性问题的方法，可以在之后的研究中，防止甚至消除内生性问题，使研究结果更为稳健、研究结论更为可靠。

参考文献

［1］安青松．中国上市公司分红现状与趋势分析［J］．证券市场导报，2012（11）：15－19.

［2］曹媛媛．盈余变动与股利分配行为选择：基于我国上市公司的实证研究［J］．经济管理，2003（24）：68－74.

［3］常亮，连玉君，安苑．银行授信影响了企业的现金持有管理吗？——基于动态面板门限模型的实证［J］．经济管理，2014（11）：64－74.

［4］陈红兵，连玉君．财务弹性对企业投资水平和投资效率的影响［J］．经济管理，2013（10）：109－118.

［5］陈云玲．半强制分红政策的实施效果研究［J］．金融研究，2014（8）：162－176.

［6］邓康林，刘明旭．环境不确定性、财务柔性与上市公司现金股利［J］．财经科学，2013（2）：46－55.

［7］董理，茅宁．公司成熟度、剩余负债能力与现金股利政策——基于财务柔性视角的实证研究［J］．财经研究，2013（11）：59－68.

［8］杜兴强，曾泉，杜颖结．政治联系、过度投资与公司价值——基于国有上市公司的经验证据［J］．金融研究，2011（8）：93－110.

［9］顾乃康，万小勇，陈辉．财务弹性与企业投资的关系研究［J］．管理评论，2011（6）：115－121.

［10］郭丽虹，张祥建，徐龙炳．社会融资规模和融资结构对实体经济的

影响研究［J］．国际金融研究，2014（6）：66－74．

［11］郭牧炫，魏诗博．融资约束、再融资能力与现金分红［J］．当代财经，2011（8）：119－128．

［12］何涛，陈晓．现金股利能否提高企业的市场价值——1997—1999年上市公司会计年度报告期间的实证分析［J］．金融研究，2002（8）：26－38．

［13］姜付秀，尹志宏，苏飞，黄磊．管理者过度自信、企业扩张与财务困境［J］．经济研究，2009（1）：131－143．

［14］江伟．金融发展、银行贷款与公司投资［J］．金融研究，2011（4）：113－128．

［15］李常青，魏志华，吴世农．半强制分红政策的市场反应研究［J］．经济研究，2010（3）：144－155．

［16］李慧．半强制分红政策对上市公司现金分红策略的影响研究［J］．上海经济研究，2013（1）：56－63．

［17］李科，徐龙炳．融资约束、债务能力与公司业绩［J］．经济研究，2011（5）：61－73．

［18］李鑫．自由现金流、现金股利与中国上市公司过度投资［J］．证券市场导报，2007（10）：55－59．

［19］李维安，姜涛．公司治理与企业过度投资行为研究：来自中国上市公司的数据［J］．财贸经济，2007（12）：56－61．

［20］连玉君，彭方平，苏治．融资约束与流动性管理行为［J］．金融研究，2010（10）：158－172．

［21］刘婷，郭丽虹．银行授信、财务弹性与过度投资［J］．国际金融研究，2015（6）：53－64．

［22］罗党论，应千伟，常亮．银行授信、产权与企业过度投资：中国上市公司的经验证据［J］．世界经济，2012（3）：48－67．

［23］潘敏，金岩．信息不对称、股权制度安排与上市企业过度投资

[J]. 金融研究，2003（1）：45-46.

[24] 覃家琦. 战略委员会与上市公司过度投资行为 [J]. 金融研究，2010（6）：126-142.

[25] 申慧慧，于鹏，吴联生. 国有股权、环境不确定性与投资效率 [J]. 经济研究，2012（7）：113-126.

[26] 王茂林，何玉润，林慧婷. 管理层权利、现金股利与企业投资效率 [J]. 南开管理评论，2014（17）：13-22.

[27] 王霞，张敏，丁富生. 管理者过度自信与投资者行为异化 [J]. 南开管理评论，2008（11）：77-83.

[28] 王彦超. 融资约束、现金持有与过度投资 [J]. 金融研究，2009（7）：121-133.

[29] 王志强，张玮婷. 上市公司财务灵活性、再融资期权与股利迎合策略研究 [J]. 管理世界，2012（7）：152-163.

[30] 魏刚. 我国上市公司股利分配的实证研究 [J]. 经济研究，1998（6）：30-36.

[31] 魏明海，柳建华. 国企分红、治理因素与过度投资 [J]. 管理世界，2007（4）：88-95.

[32] 魏锋，刘星. 融资约束、不确定性对公司投资行为的影响 [J]. 经济科学，2004（2）：35-43.

[33] 魏志华，李茂良，李常青. 半强制分红政策与中国上市公司分红行为 [J]. 经济研究，2014（6）：100-114.

[34] 肖珉. 现金股利、内部现金流与投资效率 [J]. 金融研究，2010（10）：117-134.

[35] 辛宇，徐莉萍. 公司治理机制与超额现金持有水平 [J]. 管理世界，2006（5）：134-141.

[36] 杨华军，胡奕明. 制度环境与自由现金流的过度投资 [J]. 管理世

界，2007（9）：99-116.

［37］杨兴全，张照南. 制度背景、股权性质与公司持有现金价值［J］. 经济研究，2008（12）：111-123.

［38］杨熠，沈艺峰. 现金股利：传递盈利信号还是起监督治理作用［J］. 中国会计评论，2004（6）：61-76.

［39］易宪容. 美国次贷危机的信用扩张过度的金融分析［J］. 国际金融研究，2009（12）：14-23.

［40］易颜新，柯大钢，王平心. 股利分配动因与股利决策——基于上市公司股利分配决策的实证分析［J］. 经济管理，2008（4）：45-54.

［41］应千伟，罗党论. 授信额度与投资效率［J］. 金融研究，2012（5）：151-163.

［42］应展宇. 股权分裂、激励问题与股利政策——中国股利之谜及其成因分析［J］. 管理世界，2004（7）：108-156.

［43］余静文. 信贷约束、股利分红与企业预防性储蓄动机［J］. 金融研究，2012（10）：97-109.

［44］原红旗. 中国上市公司股利政策分析［J］. 财经研究，2001（3）：33-41.

［45］俞红海，徐龙炳，陈百助. 终极控股股东控制权与自由现金流过度投资［J］. 经济研究，2010（8）：103-114.

［46］曾爱民，魏志华. 融资约束、财务柔性与企业投资—现金流敏感性——理论分析及来自中国上市公司的经验证据［J］. 财经研究，2013（11）：48-58.

［47］曾爱民，张纯，魏志华. 金融危机冲击、财务柔性储备与企业投资行为——来自中国上市公司的经验证据［J］. 管理世界，2013（4）：107-120.

［48］张纯，吕伟. 信息环境、融资约束与现金股利［J］. 金融研究，2009（7）：81-94.

［49］张敏，吴联生，王亚平．国有股权、公司业绩与投资行为［J］．金融研究，2010（12）：115 – 130．

［50］张跃文．我国上市公司现金分红决策研究［J］．证券市场导报，2012（9）：28 – 32．

［51］周红霞，欧阳凌．企业非效率投资行为研究综述——基于股东与经理利益冲突的视角［J］．管理科学，2004（12）：23 – 29．

［52］周县华，范庆东，吕长江，张新．外资股东与股利分配：来自中国上市公司的经验证据［J］．世界经济，2012（11）：112 – 140．

［53］邹薇，钱雪松．融资成本、寻租行为和企业内部资本配置［J］．经济研究，2005（5）：64 – 74．

［54］Adaolu，C. Dividend Policy of the ISE Industrial Corporations：The Evidence Revisited（1986—2007）［J］．*Journal of Brsa Banking and Financial Markets*，2008，Vol. 2，pp113 – 135．

［55］Agarwal，S.，Chomsisengphet，S.，Driscoll，J. C. Loan Commitments and Private Firms［D］．Working paper，2004，Board of Governors of the Federal Reserve Systerm．

［56］Almeida，H.，Weisbach，M. S. The Cash Flow Sensitivity of Cash［J］．*Journal of Finance*，2004，Vol. 59，pp1777 – 1804．

［57］Arslan – Ayaydin，Ö.，Florackis，C.，Ozkan，A. Financial Flexibility，Corporate Investment and Performance：Evidence from Financial Crises［J］．*Review of Quantitative Finance and Accounting*，2014，Vol. 42，pp211 – 250．

［58］Atay K.，Ani，M. M. Strategic Credit Line Usage and Performance［J］．*Journal of Financial Research*，2014，Vol. 37，pp243 – 265．

［59］Bajaj，M.，Vijh，A. M. Dividend Clienteles and the Information Content of Dividend Changes［J］．*Journal of Financial Economics*，1990，Vol. 26，pp193 – 219．

[60] Bates, T. W. , Kahle, K. M. , Stulz, R. M. Why do U. S. Firms Hold So Much More Cash than They Used To? [J]. *Journal of Finance*, 2009, Vol. 64, pp1985 − 2021.

[61] Berger, A. N. , Udell, G. F. Lines of Credit and Relationship Lending in Small Firm Finance [J]. *The Journal of Buiness*, 1995, Vol. 68, Jul, pp351 −381.

[62] Billett, M. T. , Garfinkel, J. A. Financial Flexibility and the Cost of External Finance for U. S Bank Holding Companies [J]. *Journal of Money Credit and Banking*, 2004, Vol. 36, pp827 − 852.

[63] Blau B. M, Fuller K. P. Flexibility and Dividends [J]. *Journal of Corporate Finance*, 2008, Vol. 14, pp133 − 152.

[64] Bonaimé, A. A. , Harkins, K. W. , Harford, J. Financial Flexibility, Risk Management, and Payout Choice [J]. *Review of Financial Studies*, 2014, Vol. 27, pp1074 − 1101.

[65] Boot, A. , Thakor, A. , Udell, G F. Competition, Risk Neutrality and Loan Commitments [J]. *Journal of Banking and Finance*, 1987, Vol. 11, Sept. , pp449 − 471.

[66] Byoun, S. Financial Flexibility and Capital Structure Decision [D]. Working Paper, www. ssrn. com, 2011.

[67] Campello, M. , Giambona, E. , Graham, J. R. , Harvey, C. R. Liquidity Management and Corporate Investment during a Financial Crisis [J]. *Review of Financial Studies*, 2011, Vol. 24, pp1944 − 1979.

[68] Chen, T. , Harford, J. , Lin, C. Financial Flexibility and Corporate Cash Policy [D]. Working Paper, www. ssrn. com, 2013.

[69] Chen, Z. , Hu, Y. , Mao, C. How Much Liquidity Insurance Do Credit Lines Provide? [D]. Working Paper, University of Virginia, 2014.

[70] DeAngelo, H. , DeAngelo, L. Capital Structure, Payout Policy, and

Financial Flexibility, University of Southern California [D]. Marshall School of Business Working Paper 2006, No. FEE 02 – 06.

[71] Demerjian, P. R., Uncertainty and Debt Covenants [D]. Working Paper, www. ssrn. com, 2013.

[72] Demiroglu, C., James, C., Kizilaslan, A. Bank Lending Standards and Access to Lines of Credit [J]. *Journal of Money, Credit and Banking*, 2012, Vol. 44, pp1063 – 1089.

[73] Denis, D. J., McKeon, S. B. Debt Financing and Financial Flexibility: Evidence from Pro – active Leverage Increases [J]. *Review of Financial Studies*, 2012, Vol. 25, pp1897 – 1929.

[74] Denis, D. J., Denis, D. K., Sarin, A. The Information Content of Dividend Changes: Cash Flow Signaling, Overinvestment and Dividend Clienteles [J]. *Journal of Financial and Quantitative Analysis*, 1994, Vol. 29, pp567 – 587.

[75] Faulkender, M., Wang, R. Corporate Financial Policy and the Value of Cash [J]. *Journal of Finance*, 2006, Vol. 61, pp1957 – 1990.

[76] Fazzari S. M, Hubberd R. G, Petersen B. C. Financing Constraints and Corporate Investment [J]. *Broolings Paper on Economics Activity*, 1988, Vol. 1, pp141 – 195.

[77] Fazzari S. M., Petersen B. C. Working Capital and Fixed Investment: New Evidence on Financing Constraints [J]. *Rand Journal of Economics*, 1993, Vol. 24, pp328 – 342.

[78] Flannery, M. J., Lockhart, G. B. Credit Lines and the Substitutability of Cash and Debt [D]. Working Paper, University of Florida, 2009.

[79] Gamba, A., Triantis, A. The Value of Financial Flexibility [J]. *Journal of Finance*, 2008, Vol. 63, Oct., pp2263 – 2294.

[80] Graham, J. R., Harvey, C. R. The Theory and Practice of Corporate Fi-

nance: Evidence from the Field [J]. *Journal of Financial Economics*, 2001, Vol. 60, pp187 – 243.

[81] Ghose, S. Corporate Governance and Over – investment by the U. S. Oil Industry [D]. Working Paper, www. ssrn. com, 2005.

[82] Harford, J. , Mansi, S. A. , Maxwell, W. F. Corporate Governance and Firm Cash Holdings in the U. S. [J]. *Journal of Financial Economics*, 2008, Vol. 87, pp535 – 555.

[83] Holmström, B. , Tirole, J. Private and Public Supply of Liquidity [J]. *Journal of Political Economy*, 1998, Vol. 106, Feb. , pp1 – 40.

[84] Hong, H. A. , Hung, M. Y. , Zhang, J. Y. The Use of Debt Covenants Worldwide: Institutional Determinants and Implications on Financial Reporting [J]. *Contemporary Accounting Research*, 2015, Forthcoming.

[85] Jagannathan, M. , Stephens, C. P. , Weisbach, M. S. Financial Flexibility and the Choice between Dividends and Stock Repurchases [J]. *Journal of Financial Economics*, 2000, Vol. 57, pp355 – 384.

[86] Jensen, M. C. , Meckling, W. H. Theory of the Firm: Managerial Behavior, Agency Costs and Ownership Structure [J]. *Journal of Financial Economics*, 1976, Vol. 3, pp305 – 360.

[87] Jensen M. C. Agency Costs of Free Cash Flows, Corporate Finance, and Takeovers [J]. *American Economic Review*, 1986, Vol. 76, pp323 – 329.

[88] Jiménez, G. , Lopez, J. A. , Saurina, J. Empirical Analysis of Corporate Credit Lines [J]. *Review of Financial Studies*, 2009, Vol. 22, pp5069 – 5098.

[89] Jung, B. , Lee, W. J. , Yang, Y. S. The Impact of Dividend Convenants on Investment and Operating Performance [J]. *Journal of Business Finance and Accounting*, 2016, Vol. 43, pp414 – 443.

[90] Kalay, A. Signaling, Information Content and the Reluctance to Cut

Dividends [J]. *Journal of Financial and Quantitative Analysis*, 1980, Vol. 15, pp55 – 869.

[91] Kaplan, S. N., Zingales, L. Investment – Cash Flow Sensitivities are not Valid Measures of Financing Constraints [J]. *The Quarterly Journal of Economics*, 2000, Vol. 115, pp707 – 712.

[92] Kashyap A. K., Lamont O. A., Stein J. C. Credit Conditions and the Cyclical Behavior of Inventories [J]. *The Quarterly Journal of Economics*, 1994, Vol. 109, pp565 – 592.

[93] Kinkki, S. Minority Protection and Dividend Policy in Finland [J]. *European Financial Management*, 2008, Vol. 14, pp470 – 502.

[94] Lang, LHP., Litzenberger, R. H. Dividend Announcement: Cash Flow Signaling vs. Free Cash Flow Hypothesis [J]. *Journal of Financial Economics*, 1989, Vol. 24, pp181 – 192.

[95] Lopez – de – Silanes, F., Shleifer, A., Vishny, R. W. Agency Problems and Dividend Policies around the World [J]. *Journal of Finance*, 2000, Vol. 55, Feb., pp1 – 33.

[96] LaPorta, R., Lopez – de – Silanes, F., Shleifer, A., Vishny, R. Law and Finance [J]. *Journal of Political Economics*, 1998, Vol. 106, pp1113 – 1153.

[97] Lie, E. Financial Flexibility, Performance and the Corporate Payout Choice [J]. *The Journal of Business*, 2005, Vol. 78, pp2179 – 2202.

[98] Lins, K. V., Servaes, H., Tufano, P. What Drives Corporate Liquidity? An International Survey of Strategic Cash and Lines of Credit [J]. *Journal of Financial Economics*, 2010, Vol. 98, pp160 – 176.

[99] Lockhart, G. B. Credit Lines and Leverage Adjustments [J]. *Journal of Corporate Finance*, 2014, Vol. 25, pp274 – 288.

[100] Marchica, M. T., Mura, R. Financial Flexibility, Investment Ability

and Firm Value: Evidence from Firms with Spare Debt Capacity [J]. *Financial Management*, 2010, Vol. 39, pp1339 – 1365.

[101] Martins, T. C., Novaes, W. Mandatory Dividend Rules: Do They Make It Harder for Firms to Invest? [J]. *Journal of Corporate Finance*, 2012, Vol. 18, pp953 – 967.

[102] Myers, S. C., Majluf, N. S. Corporate Financing and Investment Decision When Firms Have Information that Investors Do Not Have [J]. *Journal of Financial Economics*, 1984, Vol. 13, pp187 – 221.

[103] Miller, M. H., Modigliani, F. Dividend Policy, Growth and the Valuation of Shares [J]. *Journal of Business*, 1961, Vol. 34, Oct., pp 411 – 433.

[104] Modigliani, F., Miller, M. H. The Cost of Capital, Corporate Finance and the Theory of Investment [J]. *American Economic Review*, 1958, Vol. 9, pp261 – 297.

[105] Moyen N. Investment – Cash Flow Sensitivities: Constrained versus Unconstrained Firms [J]. *Journal of Finance*, 2004, Vol. 59, pp2061 – 2092.

[106] Narayanan, M. P. On the Resolution of Agency Problem by Complex Financial Instruments: A Comment [J]. *Journal of Finance*, 1987, Vol. 42, pp1083 – 1090.

[107] Norden, L. Weber, M., Credit Line Usage, Checking Account Activity, and Default Risk of Bank Borrowers [J]. *Review of Financial Studies*, 2010, Vol. 23, pp3665 – 3699.

[108] Oded, J. Payout Policy, Financial Flexibility and Agency Costs of Cash Flow [D]. Working Paper of Boston University, 2012.

[109] Ramalingegowda, S. Wang, C. S., Yu, Y., The Role of Financial-Reporting Quality in Mitigating the Constraining Effect of Dividend Policy on Investment Decisions [J]. *The Accounting Review*, 2013, Vol. 88., pp1007 – 1039.

〔110〕Rapp, M. S. Schmid, T, Urban D., The Value of Financial Flexibility and Payout Policy〔D〕. Working Paper, Philipps – Universitat Marburg, 2012.

〔111〕Richardson, S. Over – investment of Free Cash Flow〔J〕. *Review of Accounting Studies*, 2006, Vol. 11, pp159 – 189.

〔112〕Savov S. Dividend Changes, Signaling, and Stock Price Performance 〔J〕. *Social Science Electronic Publishing*, 2006,

〔113〕Schaller, H. Asymmetric Information, Liquidity Constraints and Canadian Investment〔J〕. *The Canadian Journal of Economics*, 1993, Vol. 26, pp552 – 574.

〔114〕Shleifer, A., Vishny, R. W. A Survey of Corporate Governance〔J〕. *Journal of Finance*, 1997, Vol. 52, pp737 – 783.

〔115〕Shleifer A., Vishny R. W. Management Entrenchment: The Case of Managerial Specific Investments〔J〕. *Journal of Financial Economics*, 1989, Vol. 25, pp123 – 139.

〔116〕Stulz, R. Managerial Discretion and Optimal Financing Policies〔J〕. *Journal of Financial Economics*, 1990, Vol. 26, No. 1, pp3 – 27.

〔117〕Sufi, A. Bank Lines of Credit in Corporate Finance: An Empirical Analysis〔J〕. *Review of Financial Studies*, 2009, Vol. 22, pp1057 – 1088.

〔118〕White T. M. Debt, Liquidity Constrains, and Corporate Investment: Evidence from Panel Data〔J〕. *Journal of Finance*, 1992, Vol. 47, pp1425 – 1460.

后记

2019 年初夏，我有幸进入上海黄金交易所博士后工作站工作学习，正式告别学校，开启了新的人生旅程。入站之后，在焦瑾璞理事长的鼓励下，在上金所博士后文库项目的支持下，我将读博士期间的成果和后期研究心得加以整理，终于有了这一本书。

本书在写作过程中得到上海财经大学郭丽虹教授的大力指导，郭教授勤勉认真、事无巨细的关心我写作的每一个细节，可以说，郭老师参与了本书写作的全过程。到今天我已毕业三年多，郭老师仍然与我保持密切联系，叮嘱我继续完善修改本书部分章节内容。郭老师严谨务实的研究态度、谦和的人格魅力一直让我诚服、感动。本书的写作还得到于研教授的指点，于老师治学严谨，时时教导我要树立金融为实体经济服务的观念，让我能够在市场的浮沉中把稳方向、不走歧途。

家人的大力支持为我完成这本书提供了保障。幸运的是，在本书的写作和修改过程中，我还先后拥有了两个子女。孩子们的陪伴是我最大的心灵慰藉，也是我完成本书相关研究无穷的动力。写作的过程遇到了不少挫折，每每当我沮丧时，我的先生总是设身处地为我出谋划策，为我扫除忧愁，使我可以收拾好心情重新投入研究。我尤其要感谢我的婆婆，她不远万里来到上海，六年如一日坚持帮我分担家务和照顾幼子，她朴素的品格、甘于奉献的精神令我十分感动。家人的支持让我有了更多时间持续跟踪相关领域的最新研究动态，不断完善我的研究成果。

本书的出版并不意味着研究的结束，未来，希望能与对相关研究感兴趣的同仁继续深入的讨论学习，我也会借鉴大家的意见继续修改完善本研究。

期待与大家共同进步！

2020 年 10 月 14 日于上海